办公室
社交兵法

孙郡锴◎编著

中国华侨出版社
·北京·

图书在版编目 (CIP) 数据

办公室社交兵法 / 孙郡锴编著 .—北京：中国华
侨出版社，2010. 3（2025. 4 重印）
ISBN 978-7-5113-0343-1

Ⅰ . ①办… Ⅱ . ①孙… Ⅲ . ①办公室—人际关系学
Ⅳ . ① C912.1

中国版本图书馆 CIP 数据核字（2010）第 055591 号

办公室社交兵法

编　　著：孙郡锴
责任编辑：唐崇杰
封面设计：周　飞
经　　销：新华书店
开　　本：710 mm×1000 mm　1/16 开　　印张：12　　字数：137 千字
印　　刷：三河市富华印刷包装有限公司
版　　次：2010 年 3 月第 1 版
印　　次：2025 年 4 月第 2 次印刷
书　　号：ISBN 978-7-5113-0343-1
定　　价：49.80 元

中国华侨出版社　北京市朝阳区西坝河东里 77 号楼底商 5 号　邮编：100028
发 行 部：（010）64443051　　　　　传　　真：（010）64439708

如果发现印装质量问题，影响阅读，请与印刷厂联系调换。

　　每个人都是生活在领导、同事、朋友、亲戚的关系中，怎样与这些人打交道则是一门学问。我们知道，既然社交如此重要，那么该如何把这门学问吃深吃透呢？

　　社交不是一门简单的你来我往的事情，而是本着什么时候该做什么事，什么时候该说什么话的一门综合性智能活动。也许你对此嗤之一笑，这么简单的事情，还需要去琢磨去深究，考虑得如此复杂，不是太累人吗？如果你这样想，请恕我们直言，你在社交的阵地上还是一个不知深浅的新人，或者说，还没有在这方面受阻。你学会社交，有利于做人之道；反过来讲，你要学会做人，必须精于社交，做人与社交的关系就是这么一目了然！

　　在人与人相互交往的关系中，每个人都各有其特性，自然不同的人就有不同的做人观念，有的坦荡，有的偏狭，有的豁达，有的固执，这样就形成了特殊的"社交兵法"。

　　"兵法"一词源于《孙子兵法》。尽管此书是一部兵书，但它为后来人们如何做人与社交，提供了重要的兵法。做人与社交的兵法至少包括：

　　（1）如何与自己的上司搞好关系，从而赢得上司的信任？

　　（2）如何施展自己的工作才智，又不遭同行的嫉妒？

（3）如何与朋友加大友谊的深度，又不陷于"骑虎难下"的境地？

（4）如何掌握说话的时机，从而让别人更好地理解你？

（5）如何把握住自己"恰如其分"、"距离适当"等方面地做人艺术？

（6）如何把大矛盾变成小矛盾，把小矛盾降为零矛盾，从而增添人与人之间的润滑剂？

做人与社交的微妙关系，正在于这种可说与不可说的感觉之中。的确，人生的成功之道有许多，存在着"非此即彼"的现象。最糟糕的是，不能够选择其中之一来作为自己的成功之道。有人曾经做过统计：社交兵法在成功的诸因素中大多占四分之一，可见其作用之大。上面提出的六大问题，又在社交兵法中占85%，可见它们的影响力。

有人说，除社交的神秘性而外，世上没有什么难题。这句话，虽然有些绝对，但一方面也说明了大家应当把社交提到日程上，防止出现"不怕一万，就怕万一"的现象。

做人办事根本不能由着个人的性子来，而是要在人际关系中练出一身真功夫，一则把自己变成精明人，二则把自己变成实战者。这样才能把自己训练为"猎豹"和"活鱼"，做别人难以做成的事。此为与人生最息息相关地做人兵法。兵法可用于战场，也可用于商场，更可用于交际场。一旦一个人像计算高手一样，把各种战术运用于人与人之间的关系中，那么他就一定会进退自如，减少人生的各种阻力。故社交兵法为人生必修、必精之大课。

本书的特点是把做人之道与社交兵法巧妙结合起来，比较全面地考察人际关系的复杂性和可塑性。希望你能从中读出一些真正的道理，有益于自己的工作和生活。

目 录

兵法二
走进社交的大课堂

兵法三
善于交际是成功的资本

兵法四
绝不让恋爱与家庭交际出纰漏

兵法五
刻在心头的社交禁忌

兵法一

社交是磨炼人的战场

社交是世上最难以解说的事情，但它又常常缠绕人心，令人欲罢不能。其实社交就是考验人的战场，聪明的人总能打胜这场仗，因为他们懂得看透人心，巧用交际的技巧和策略。这些智慧非一朝一夕所能为，但须一朝一夕才能悟。

第 1 节　做人办事中隐藏的关系学

与不同的人进行交际

1. 与性格孤僻的人交际

与这种人交际时，首先应让他们感到人世间的温暖与体贴，让他们愿意和你接触和交往；其次要注意与他们谈话的艺术，千万不能刺伤他们的自尊心，多用赞扬和鼓励的语言与他们交谈；当他们对交往冷淡，不感兴趣，甚至不愿与你交往时，不要急于求成，应有耐心；在与他们有了初步的交往后，应多与他们一起参加文化娱乐活动，使他们从孤僻的小圈子中解脱出来。

2. 与性格急躁的人交际

性格急躁的人最大的特点是容易发怒，抑制能力很差。若遇他发怒时，你可暂时置之不理，有时瞪他一眼就够了，有时也可以一笑置之。对于这种人，你应该心胸开阔，不必计较他的火暴脾气，有时也可以迁就他一下，不必在他火头上与其论短长，否则就会成为他的"出气筒"。

应等他情绪缓和下来，再跟他谈你所要谈的一切。如果你也是一个性格急躁的人，在遇到性格急躁的人时，特别要压住自己的火气，控制住自己的感情，轻言细语地与对方交谈，摆事实讲道理，有理、有节地说服对方，消除对方的误会，缓和对方的情绪；也可以暂时避开对方，待自己心平气和时再主动与对方交谈。

3. 与爱搬弄是非的人交际

爱搬弄是非的人总是喜欢对他人评头论足，说长道短，有时无中生有，有时捕风捉影，有时诽谤中伤。这种人在你面前谈论别人时，你可以转移谈论内容，去谈论其他的问题，你也可以谈这个人的确存在的一些缺点，然后再谈这个人大量的长处和优点，客观地评价他；你还可以找借口匆匆离开，不与他交谈。

4. 与爱贪图小利的人交际

爱贪图小利的人缺乏远大理想和自尊心，一有机会他就会占小便宜，有时没有机会他也会寻找机会或者制造机会去占小便宜。这种千方百计地占小便宜的行为的确可鄙，但我们不应把问题看得过重，拒绝和这种人交往是不对的。对这种人既不能姑息，也不能对其讽刺挖苦，而应好言规劝，帮助其改正爱贪图小利的错误。

5. 与名人的交际

名人有很大的社会影响，谁都愿意与他们交往。下面提供几种与名人交往的方法：第一，写信。写信既简便又保证对方能收到，只是收效不大。因为在众多的来信中，你的信难以引起名人的格外注目，除非你的信写得很有特色，能引起名人的兴趣。第二，介绍。想办法找名人的熟人或朋友把你介绍给名人，或在有名人参加的社交场合中尽量接近他们，利用恰当的机会与他们交谈。第三，签名。通过各种方式请名人签名，或是写信，或是托人代转，或是抓住偶然机会等。

在与名人交际时，既不要过于自卑，也不要为引人注目而故弄玄虚，自始至终要抱着诚恳、热情的态度，这样才能"精诚所至，金石为开"。

影响交际的因素

影响交际成功的因素主要有：错误的时间、漫不经心、胆怯、持有偏见、话中有话和能力不足。

1. 错误的时间

交际时间的选择很重要，如果选择错误的时间进行交际，就会影响交际的效果。一般说来，不宜选择以下的时间进行交际活动：

（1）别人早上刚起床，或晚上要睡觉的时候。

（2）别人比较疲倦的时候。

（3）别人正忙于其他事情的时候。

（4）别人准备去做重要事情的时候。

（5）别人认为不恰当的时候。

2. 漫不经心

无论是讲话者，还是听话者，只要你漫不经心，就会影响交际的效果。如果你是讲话者，你就应集中精力讲述你想要对方知道的信息，要投其所好地引导对方，揣摩对方的心理，顾及对方的心理需要；如果你是听话者，你就应全神贯注地听取对方的讲述，这样，既能听出对方的真实意图，又能让对方受到尊重后讲出更多对你有用的信息。

3. 胆怯

在交际中，谁存在胆怯，谁的交际效果就不好。因为，胆怯会影响思维能力的发挥。一个人的思维能力受到束缚后，就想不出有创见性的意见，也不能充分地表达出想要表达的意思。假如你心中有一种想法，就要大胆地提出来，如果问题提得恰到好处，马上就会受到他人的赞成和拥护。要是结结巴巴地说不出来，或是说不清楚，结果是可想而知的。

4. 偏见

偏见是人们感知事物时，对事物产生的一种片面或歪曲的印象。它常常是由于感情的因素造成，如首因效应、近因效应、晕轮效应和定型作用都是产生偏见的原因。偏见一旦产生就可能冲破理智的约束，影响交际的效果。如果你想使自己的意见为他人接受，就不能固守偏见，感情用事；不能只顾自己的想法，忽视他人的意志和利益。

5. 话中有话

交际的目的之一是交流信息，是把自己所获得的信息明白无误地告诉对方。如果有话不直接说，而采用话中有话，甚至话中有刺的表达方式，显然就会影响交际效果。所以，我们在交际中不要说似是而非、模棱两可的话，也不用隐语，这样才能取悦于听者，提高交际效果。

6. 能力不足

能力不足也会影响交际的效果。表达能力不强，所提观点不易被人接受，甚至引起误会；知识不全面或不牢固，往往造成前后矛盾，或者引出笑话。倘若上述情况存在，就很可能使你手足无措，影响你的形象。所以，进行交际者应知识丰富、善于表达。

社交与血型的关系

自从 1901 年奥地利 33 岁的医师兰斯坦纳发现血型以来，不少学者还发现血型与人的性格有一定关系。

1984 年后，日本某些著名作家经过对日本社会的调查研究，撰写了不少关于血型与性格的书，使日本人对血型的关心几乎达到举国狂热的程度。不仅普通人热衷于鉴定血型，连一些政府机关、大型工商企业也以血型作为雇用员工的选择标准，甚至在婚姻大事上也增加了血型的因素……

一般说法是：

A 型：倔强，较理智谨慎，责任心强，事业上获得成功的机会较多。缺点是情绪易波动。

B 型：乐观热情，脾气随和，待人亲切坦率，爽快开朗，能容忍别人的缺点，常能结交知心好友。缺点是专心致志不够，易产生畏难情绪。

O 型：较自信。坚定、冷静，富于实干精神，工作勤恳，学习上进，勇于攀登。缺点是较固执，不够虚心。

AB 型：因为是 A、B 的复合型，所以如 AB 偏 B 者，同时具有 B

型的优点甚至能成就惊人；如 AB 偏 A 者，不但缺乏 A 型的优点，而且显得孤僻、呆板。

人们对血型与人际的奥秘进行了观察与探索。下面将近期所见资料汇集如下，仅供读者参考：

1. 血型与同事关系

［A 型与 A 型］彼此的第一印象不会太坏，但双方会因考虑问题过于细琐而发生冲突。如果互相诚恳交谈，误解可消除。

［A 型和 B 型］双方在性格上配不来。但因 B 型的人善于辞令，话题广，A 型高兴聆听，遂会成为谈话上的朋友。不过双方时有小摩擦，遂使对方产生不信任的心理，如不及时改善，彼此关系会因此冷淡。

［A 型和 AB 型］互相都会有良好的第一印象并从此互相吸引。AB 型很容易和 A 型交朋友，但 A 型对其反映欠佳时，AB 型则会感到失望并不易将心意表达出来。

［A 型和 O 型］双方如果是男女同事，容易从友情发展为爱情。O 型易被 A 型吸引，但 A 型不大会对此表示关心，因此彼此也易产生误会。

［B 型与 B 型］双方初识，有一见如故之感，谈得颇投机。如果双方一直保持联系，甚至可以成为终生好友，互帮互助，矛盾甚少。

［B 型和 AB 型］在 B 型眼中，AB 型显得很可爱。但 AB 型表现得过分执拗的话，B 型也会失望。所以 AB 型的态度和表现，决定了双方的关系。

［B 型和 O 型］O 型是理论的现实派，B 型是直觉行动的非理论派。O 型的言论常会成为 B 型的行动指导。有时双方难免发生争辩，但正因

如此，道理更得以清楚阐释，双方感情也从中得以推进。

［AB型和AB型］如为男女同事，双方都不感到对方有吸引力，因为双方的理想对象都不相同。但在工作、学习方面颇谈得来，可发展为良好的工作关系，这种关系在其他血型者之间是很难发展起来的。

［AB型和O型］O型者有领导欲望，希望AB型能听从。而AB型是爱考虑的人，一切行动常在考虑后方作决定，这使O型预先想的变得混乱。但双方最终可成为不争吵、互相谦让的快乐朋友，工作上也能共同取得成绩。

［O型和O型］O型者擅长社交，两个都是交际家，所以一下子便谈得很投机。但是O型的人好强，喜听赞美的话，双方会因此暗地里不满意以至影响工作。如果双方让步，关系仍可顺利的发展。

2.血型与夫妻关系

［A型与A型］这种血型的男女组合，一般容易出现开始好、后来坏的情况，因此夫妻间相互关心、体谅，是家庭和睦的关键。

［B型与B型］如果双方都爱"以我为核心"，互不相让，有时会出现"先差后好"的情况；这类夫妻一般谈得来的较多，但与社会交往较差。

［AB型与AB型］女方在家往往主宰一切，如果双方都有工作，家庭较为安定，并能互相帮助。

［A型与B型］这类夫妻，言谈话语容易投机，但B型妻子要注意发挥料理家务的能力，A型丈夫不要过多发牢骚。

［O型与A型］O型妻子与A型丈夫一般能在事业上配合默契，双

方建立趋势爱情的可能性最大。

　　[Ｂ型与Ｏ型]这类夫妻贴心话多，吵嘴也难以避免，如注意婚后感情的更新和培养，会成为快活的终身伴侣。

　　[Ｂ型与ＡＢ型]夫妻间能平等相待，相互尊重。ＡＢ型妻子在思想方法上和行动上往往与Ｂ型丈夫吻合。

　　[ＡＢ型与Ａ型]在与外界交往中，这类血型的夫妻往往能处理得较好。在子女教育上，夫妻都抱有强烈的责任感，但注意不要在琐碎小事上争吵不休。

　　[ＡＢ型与Ｏ型]ＡＢ型的丈夫多冷淡，而Ｏ型的妻子多热情，家庭中有时会出现冲突，夫妻间要互谅互让，以求和谐。

　　3. 血型与教子方法

　　Ａ型：这类血型的儿童一般喜欢单独行动，好胜心强，但易伤感。对他们的教育，要尽量避免伤害他们的自尊心。对他们的正当要求要尽量满足，不要简单粗暴地拒绝，对学习稍差的孩子，要耐心引导，帮助他们树立自信心。

　　Ｂ型：Ｂ型的儿童多数脾气随和，对人热情。学习上往往凭兴趣出发，好奇心强。可帮助他们克服粗心大意、做事不够专心的缺点。

　　Ｏ型：这类血型的儿童大多都注重荣誉感，记忆力和接受能力较强，对他们的教育既要多给温暖，又不能过分迁就，要重视道德教育，培养集体荣誉感，鼓励他们的上进心，帮助他们克服学习上不能持久、缺乏耐性的缺点。

交际年龄与性格差异

先讲与同龄人怎样处理人际关系。同龄人由于在同一社会环境成长，一般讲，思想观念容易趋于一致，相互间有共同语言，易于沟通，所以往往比较容易处理好人际关系。然而正因为年龄相当，水平一致，大家太相似了，有时也会给人际关系带来某些不利因素。比如人际交往中有一条禁忌是，不要把自己显得比别人高明。如果一个是 60 岁的教授，一个是 30 岁的推销员，教授倘有些自诩高明之处，推销员也许不会太在意，因为教授本是他眼里的崇高形象。假如对方是与自己年龄相仿的批发商，不论哪一方做出来的"聪明"，都会引起对方的敏感，以致影响关系。又比如，年龄相仿的人，在一起缺乏互补性，几个老年人相处可能死气沉沉，几个年轻人在一起因火气都旺，也可能容易产生矛盾，这些都应注意避免。

再讲与比自己年龄大的人怎样处理人际关系。无论文化水平、身份高低、职业分工上有多少差别，年龄比自己大的人部应被视作长者而受到尊重。一个年轻人跟一个上岁数的人发生争吵，人们不问前因后果，第一个印象就是，这年轻人不懂事，不懂得尊重年长者，缺乏起码的礼貌。这一点对于年轻人似乎不公平，但社会舆论既然如此，作为年轻的一方，就不能不注意，否则有损自身的形象。

这里讲一讲与比自己年龄小的人怎样处理人际关系。第一是千万别摆老资格，别自恃年长而动辄教训人，别自以为年长就一定比年轻人能耐大。人家尊重你，那说明人家懂礼貌。第二是不管年龄有多大，总要保持一颗年轻的心。生理年龄大了，但心理年龄不能大，这样就可以和年轻人有许多共同语言，使他们在与自己相处时，忘记了自己是他们的非同龄人，如能做到这一点，就可以说是处理好人际关系的行家了。

最后讲一讲交际的性格差异。男女有别，假如我们不是从封建道德的角度理解这句话，那么在处理与异性的人际关系上，这是一个基本原则。

这是大家都可以理解的。有些在同性间可以说的话，对异性就不能说；有些在同性间可以做的事，对异性就不能做。这不是关系远近的问题，而是交往对象的性别差异造成的，否则，轻者失礼，重者关系搞坏，甚至于产生误会，以致酿成不愉快的结局。

但是，也不要因过于敏感而缩手缩脚。有时恰恰因为是异性，往往更便于交往，更容易建立良好的人际关系。社交理论把这种现象称为异性效应，善于利用异性效应者，往往是成功的交往者。

扩大交际圈

"交际圈"通常是指人们频繁交往所形成的相对稳定的活动范围。

一般说来，一个人交际圈的大小对其生活、工作的内容及质量有一定的影响。交际圈大的人朋友多，接触社会面大，信息来源广，生活内容丰富多彩，处理问题有较大的主动权，能表现出较强的办事能力，遇事可以左右逢源，游刃有余，即使陷入困境，也能借助更多的外在力量很快摆脱出来，渡过难关走上坦途。对于现代人来说，不断扩大自己的交际圈是增强现代意识，提高自身竞争能力，开拓事业的一个重要手段。

实践证明，在扩大交际圈的问题上，个人主观能动性发挥的程度和自身交际能力的强弱具有决定的意义。为此，领导干部应从以下两方面努力：

第一，要树立开放意识，增强交往欲望。

要真正认识交际对于成才、成功的意义，把扩大交际圈当成一种需要，那时你就将获得一种内在动力，就会对交际表现出浓厚的兴趣和积极的姿态，使自己成为与人交往的主动发起者，在更大的范围内找到新的朋友。

第二，应注意采取有效方法，一步一个脚印地扩大自己的活动半径，达到开拓交际圈的目的。

至于如何扩大自己的交际圈，有以下一些行之有效的方法可以借鉴：

1. 以个人爱好为媒介，积极参与社交活动

个人爱好是交友的"介绍信"。共同爱好常常把陌生人联系到一起，成为志同道合的朋友，进而形成以爱好为特色的交际圈。

2. 通过朋友搭桥，延伸交际活动半径

每个人都有自己特有的交际圈，这些交际圈又是各有特色，不完全重合的。那么，我们就可以利用朋友的关系，由朋友搭桥，与他的朋友圈建立联系。让朋友的朋友也成为你的朋友，这样就延伸了自己的活动半径，在新的圈子里找到友谊。

要老成不要世故

要在社会交往中，减少失误，不断进取，立于不败之地，就要努力使自己老练成熟起来。老练成熟的基本特征是：第一，能够摆正长远利益与眼前利益、大节与小节的关系。既看到眼前利益，更看到长远利益；着眼于大节，不围着小节打圈圈。老练成熟，就是胸有大志，站得高，看得远；有政治头脑，有社会经验，有知识，有学问；遇问题有主见，并能迅速找到解决问题的正确答案。第二，能够摆正现象与本质的关系，透过现象抓住本质。对生活、社会、人生、人以及自己有较透彻的了解，不被生活中的人和事所迷惑，既不过高也不过低评价自己的能力，能够得心应手地为人处世。第三，能够摆正感情与理智的关系，既重感情，更靠理智行事。一事当前，能够恰当地抑制自己的感情，不感情用事；能掌握自己的个性，使之适应于交往的需要，能驾驭自己的习惯，使之无碍于与别人的交往。

老练成熟，靠的是知识的积累，经验的积累，而这些又往往在于时间的积累。也就是说，年轻人不易于为人处世老练成熟。唯其如此，要特别注意尽快地使自己老练成熟起来，抓紧时间，时间反过来就会让步。

老练成熟，是社交中的"上乘"修养；而圆滑世故，则是社交中的很坏的品质。圆滑世故的基本特征也归纳为三条：第一，胸无大志，悲观厌世，玩世不恭，逢场作戏；第二，对人"要心眼"，弄权术，用手段，搞阴谋；第三，骑墙中庸，四面讨好，八面玲珑，出卖原则。

在实际生活中，可以用上述特征来区别一个人是老练成熟，还是圆滑世故。

为人处世守信用

为人处世要讲究信用，这是最起码的交际常识。信用是人们在交往中能够履行约定而取得的信任。我们所以重信用，是因为它是衡量一个人人格、品质的尺度。一个人信用度如何，影响到他在交际中的地位、形象和威望。一般说来，对恪守信用的人，人们会格外推崇、依赖和亲近；而对不守信用的人，则轻蔑、贬斥和远离。信用度高，则朋友多；信用度低，则朋友寡。简言之，信用是友谊的生命。

要提高自己的信用度，起码要注意以下几条原则：

1. 立信重在行动

讲信用的基本要求是言行一致，"说到做到"。说到是信用的起点，做到是信用的兑现。只有行动兑现了承诺，才能得到对方肯定性的评价，才算讲信用。可见，信用不是靠嘴说出来的，而是靠行动建立起来的。

有些人嘴上说得好听，行动上却不全力兑现，甚至背信弃义，那他们的"海誓山盟"便一文不值。而守信的人，一旦承诺就付诸行动，诺言一时不兑现，犹如头上悬石，寝食不安。在兑现承诺过程中，有时遇到意想不到的困难，他们宁肯自己承受损失也要恪守信用。比如，有位农民要盖房，便托人从外地买木头，朋友千方百计为他操持，并运到他的门前，核算下来费用比当地高出三分之一。这个农民的妻子感到吃了亏，想不要。可是这位农民说："我当时和人家说好的，不管什么价，只要弄来就行。'君子一言，驷马难追'，如果咱说话不算数，以后还怎么见朋友？"他虽然多花了几千元，但是心安理得。他说，损失些钱财，换得了信用，值得！

2. 立信不分事大事小

大事上要讲信用，在小事上也含糊不得。比如约会，虽是小事，但同样应守信，说几点就是几点，只能提前不可推后。有些女青年与男朋友约会，常常故意晚到或不到，以此来考验男士的诚意。如此不认真赴约，实在是拿自己的信用开玩笑，难免自食其果。日本有一位前首相年轻时，有一次与恋人约会，他按时到东京神田水果店前等候，约定时间过了，还不见恋人的影子。他暗想，我最多等她 30 分钟。过了 30 分钟，他抬腿就走。这时，只见姑娘从远处姗姗走来。田中瞪了她一眼，一言不发，钻进汽车走了。两个人从此绝交，姑娘十分懊悔。他的做法也许有些过分，但这件事也告诉我们，在小事上也要守约，否则就是拿自己的信用开玩笑，那是最蠢的。

3. 立信不能一劳永逸

立信是一个持续不断的过程。在人际交往中，只有一次又一次地兑现诺言，才能一点一点地提高自己的信用度。如果有一次无故失信，就会前功尽弃，使多年精心建造起来的大厦毁于一旦，要想修复它则需要花十倍、百倍的努力。有位青年存了一笔款子准备办婚事用。这时有个朋友向他借款，说三个月归还。两个人过往甚密，互相信赖，便痛快地借给他。可是三个月过去了，朋友因做买卖亏了本，没有把钱还来。他的婚事已近，急得抓耳挠腮，无奈只得上门催还，搞得很不愉快。仅此一次失信，便使朋友间的友谊画上了句号。所以，我们要认真对待每一次信约，决不可疏忽大意，因小失大。只有这样，才能始终使自己保持很高的信用度。

第 2 节　做人办事的交际技巧与策略

制造交际优势

　　交际的成败与双方在交际过程中谁占有较多的优势有关。善于建立和利用优势的一方往往可以取得交际主动权，从而在一定程度上左右对手，并按照预定的方向发展，取得交际的成功。

　　交际优势有两种：一是本色优势，比如地位、财富等赋予人们的某种优势。二是争得的优势，就是发挥主观能动性，调动自己的智慧，开发创造出来的交际优势。比较而言，后者更具有重要的意义。下面略举几例：

1. 制造形象优势

　　有一家公司经营不景气，产品积压，资金短缺，发不出工资。为了摆脱困境，必须开拓市场。有一次，经理与一位港商谈判，希望能得一份订单。他在经济十分拮据的情况下，把谈判的地点定在一家四星级宾馆，还从友邻单位借了一辆豪华汽车，又带上秘书和人员，以这样的阵容出现在对方的面前。结果，这次谈判很顺利，他们接到了订单，工厂出现了转机。经理很善于创造优势，他通过选择谈判地点、车辆等加强了自己的交际形象，给对方造成一种有实力的印象，因而使他在谈判中处于主动地位。假如不是这样，结果可能就是另一种情形了。

2. 塑造偶像优势

　　一天，有位衣着简朴、形象清瘦的老者来到一个单位的招待所，要求住宿。招待员一看他的样子，就说："我们这里没有空床。"就不理会他了。这个老人一看，长叹了一声说："哎，真没有想到，当年我们是冒着枪林弹雨解放了这个城市，现在却连个住的地方都没有！"他的话音未落，对方一怔，意识到马上说："同志，对不起，是我失礼了。"便给他安排了住处。这位长者是一个离休干部。他用叹息的口吻，说出了自己的经历和贡献，这些对于一个年轻人来说无疑也是一种优势。可见，有时候一个人的资历也可以造成交际优势，只要你用适当的方式把它们展示出来。

3. 展示成果优势

有一位青年学者到特区谋职，他没有像一般人说自己有多大的本事，也没有夸夸其谈，他抱了一摞书，走进应考室，给每个考官一本，说："这是我这几年出版的几本有关的书，请各位领导指教。"这几本书一放，几个领导的眼神立即发生了变化，在审视中透出了敬意，接着用商量的口吻说："你到我们单位来，有什么想法？"他们发现了一个人才，也可以说是自己送上门来的人才，岂能放了？这次会见，一锤定音，他被录用了。显然，这个青年是用了心计的，他知道如何推销自己。通过实物展示自己的才干，这种优势是很有征服力的。

4. 利用地域优势

有一位北方来的客人，到海南岛办事。接待他的是一个当地青年。交际一开始青年就把门关了，说："这件事不好办。"没有谈判的余地了。接着，他问："你去过北京吗？""没有，很想去的。可是没有机会。"他抓住这个口实，说："我是北京人，你要去北京，我来安排你的吃住行。"这样一说，青年的口气不同了。接下去他们谈得十分的投机，刚才已经结束的话题又重新提起并且前景光明。

一般边远地方的人对于首都有一种天然的向往之情。这位北京人很好地利用对方的这种心理，及时展示自己的地域优势，彼此之间的距离也就拉近了很多。其实很多地方都有令人向往的内容，都可以成为你的资本，关键看你是否会用。

方法还有很多种，不一一列举。仅从上述事例可以看出，在交际中，只要开动脑筋，总是可以为自己制造出某种优势的。不过，在利用、创造和展示自己优势时，必须注意以下几个问题：

一是应该认识到优势是相对的，要因人而异。对于任何一个人来说，优势没有绝对的意义，只有针对具体人才称得上是优势。这就告诉我们，在展示自己的优势时，要根据对方的情况来决定，不能一厢情愿。比如，地理上的优势对一个同乡来说，就不是什么优势，只有对于那些远离此地的人才有吸引力。再如，一个大款对于普通人有财力上的优势，可是他一旦出现在百万富翁的面前，就相形见绌了。

二是要根据现场的情况灵活地利用优势。交际者要有很强的观察力和判断力。要根据交际现场的情况变化，及时捕捉信息，抓住对方的劣势和心理，以此决定自己的对策，展示和创造自己的优势。

三是展示优势要自然得体，不要弄巧成拙。特别是借助性优越，如前述那位经理借车会客，就存在一定的虚假性，如果表现过了头，就可能走向反面。

提高交际判断力

大量事实表明，准确的判断力是使交际获得成功的前提和基础。如果不善判断，或疏于判断，就可能造成言行失误，使自己陷入被动，最终导致交际失败。

人们的交际判断力通常是其敏感的观察能力、透彻的分析能力和全面深刻的思索能力等因素综合作用的结果。交际判断的过程是一个主观正确反映客观的认识过程。因此，人们一旦投入交际，就要勤于观察，收集信息；展开积极思维，发挥分析能力、想象联想能力和思索能力进行比较、鉴别、综合分析，透过现象抓住本质，最终做出准确恰当的判断，拿出交际对策。具体说来，准确的交际判断需注意这样几个问题：

1.透过衣着仪表，抓住风度气质，做出判断

在交际中最常见的判断错误就是以衣貌取人。应该说，人的衣着打扮是一种直观的重要的信息，它可以在一定程度上反映一个人的身份、职业、爱好等。但是，这种外在信息有一定的不确定性。如果仅仅据此进行判断，就可能弄错。与衣着相比，人们的气质较为真实。气质是一个人内在修养、学识、经历、思想面貌的自然流露，它是熔铸在人们言行表情中的，想掩饰也掩饰不住。简言之，衣着可以伪装，气质则不能。同是妙龄女子，一个农村姑娘与一个城市姑娘的气质大不相同；同样装束的城市女子，一个劳动女工与一个坐办公室的秘书小姐在做派表情、举手投足上绝不一样，一看便知。正确的判断方法是，要透过衣着仪表，把握其风度气质，综合内外因素进行分析、判断，才能提高判断

的准确性。

2. 透过语言谈吐，把握思想动机，做出判断

有句俗话说：言为心声。在大多数情况下，闻其言便可知其人。不过，生活十分复杂，常常出现例外。有时候，很动听、很漂亮的话很可能不是真话，而是假话。因此，在与陌生人打交道时，切不可根据一面之词就信以为真，那样就会受骗上当。我们应注意听其言，辨其意，透过语词，分析动机，做出准确判断。一次，街上有两家推销热水器的商人在叫卖，都说自己的产品是正宗品牌，但两者价格相差不少。一位长者听罢这家又看那家，拿不定主意。这时，售价较高一家的推销员说："我的产品质量高，保证售后服务到家。如果不信，这是我与厂家签订的销售合同书，这是我的身份证。那里有长途电话，你马上可以与厂家联系核实，电话费由我出。"听罢此言，长者没有打电话，而是下决心买了他的产品。笔者问这位长者，你凭什么要买他的？长者道："我分析他说的是实话，是真的。"显然，长者不是盲目的，他从对方的话语中判断出了真假，才下定决心。

实际上，每个交际者都有自己的利益，为了维护自身的利益，在言谈上并不一定直抒胸臆，往往要说一些言不由衷的话，带有潜台词的话，甚至是言此意彼的话。如果仅仅以其言词为依据进行判断，八成会造成判断失误。

所以，在交际过程中，不要"听风就是雨"，偏听偏信，片面判断。要注意认真倾听对手说了什么，再想一想他为什么这样说，动机本意在哪里，这样再行判断，就可能抓住要领，较为准确了。

3.透过行为细节，认识内在本质做出判断

有经验的交际者，不仅在大的方面关注对手，而且十分留意其举止行为的细枝末节之处，从中发现和洞察其内心世界。经验证明，人们的举止动作往往带有习惯性，它通常是经历、职业、爱好、心理等内在因素的自然流露。因此，我们可以从小小的动作、表情，洞悉一个人为人处世的品格和思想面貌。有位外商到内地寻找合作伙伴，他到一个工厂考察，在听了厂长介绍参观了工厂设施之后，虽有合作意向，但还是定不下决心。中午厂长设午宴招待他，宴会结束时，厂长把剩下的饭菜打包提走了，这在内地官场上很少见的。就凭这个小动作，这位外商感到他遇到了一个务实的、讲效益的企业家，当即决定与之合作，签了合同。后来的事实证明，这个合资企业办得很成功。

善于处理特殊情况

卡耐基说："我在社交场合，往往能够对答如流，妙语横生，将事情解决得如行云流水，滴水不漏，那是得益于我处理特殊情况的秘诀。"

在社交场合中，经常会出现一些出其不意的事情，有些事情简直是惊险之极，如果你没有这方面的特殊应急技巧，你可能会陷于一种尴尬、危险的地步。

永乐皇帝闲着无事，想到江西吉安一带游玩，便传下圣旨，要吉州知府筑路修桥接驾。

刚刚考中学士的解缙得知此事，暗暗思忖：皇上每次巡游奢侈挥霍，百姓税收加重，劳役陡增。这次一定要设法劝阻皇帝，打消巡游念头，

使吉州百姓免受灾难和荼毒。于是，他连夜赶写了奏折，次日上朝，面奏皇上。

永乐皇帝一见奏文，勃然大怒："解缙，天子出游，乃施恩泽于民间，你因何阻挠？真乃狗胆包天！"

解缙不慌不忙地说："皇上息怒，解缙上疏，实为龙体之安！皇上有所不知，吉州自古有'吉水急水'之称，那里山高无路，唯有从水路走，水急浪大，岂不惊了圣驾。"

永乐皇帝说："我命吉州府打造巨舟，岂有镇不住'急水'之理！"

解缙笑道："纵然有巨舟，却难过峡江县。江西俗话'峡江峡江，奈断手掌'，那里江窄暗礁多，莫说巨舟，就是竹排也很难通过。"说着，解缙招了招手，下官捧来一条扁鱼。解缙呈上，说："皇上请看，此鱼产于峡江，由于江窄，久而久之，连鱼身子也挤扁了。"永乐皇帝一看信以为真，心想还是不冒这个险吧！便取消了游吉州的打算。

解缙用自己敏变的才智，为吉州人办了件大好事。

有一次，唐太宗对魏征说："我在朝堂上发表什么意见，大家都齐声表示拥护，独有你往往不立即应声，当众跟我闹别扭。难道你就不能当时答应一声，过后再对我说吗？"

魏征回答说："古时候，舜告诫禹说：'你不要当面服从、赞成，过后又来提意见。如果只讲面从，不当众立即提出不同意见，这可不是禹、稷对舜的态度啊！'"

太宗听了，哈哈大笑说："大家都说你举止粗疏傲慢，我怎么越看越感到你是那样的妩媚可爱呢！"

贞观六年，一些朝臣奏请唐太宗前往泰山举行封禅大典，以显耀文治武功。唯独魏征当面直言以为不可。

太宗感到非常扫兴，不耐烦地质问魏征："你不同意我封禅，难道认为我功业不高、德行不厚么？外邦没有臣服么？祥瑞没有出现么？年成不好吗？"

魏征针锋相对地答道："陛下功业虽高，但恩泽尚未及于全国；国家虽已太平，但物资还不足以供国用；外邦小国虽已臣服，但还不能满足他们的要求；祥瑞虽多次出现，但法网还嫌繁密；年成虽然不错，但仓库还显空乏。因此，我以为不可举行封禅。"

唐太宗听后，陷入了沉思。

魏征乘胜进击，又道："一个刚刚病愈的人让他马上挑上一石米，日行百里是不行的。我们国家刚刚医治了战争的创伤。元气还没有恢复，就急于向上天报告大功告成是欠妥当的。况且，东封泰山，万乘千骑，要耗大量资财，倘若再遇上灾荒，风雨骤变，不明事理的人横生是非，那更是悔之莫及！"

这番话有理有据，切中要害。把太宗说得哑口无言，最后还是接受了魏征的建议，停止去泰山封禅。

贝尔是电话机的发明人。有一次他出门去筹款，来到一个大资本家许拜特先生的家里，希望他能够对他正在进行的新发明投一点资。但他知道许拜特是一个脾气古怪的人，向来对电气事业不感兴趣。怎么能让他发生兴趣，并为之解囊呢？

他们见面寒暄一阵之后，贝尔并没有直截了当地向对方说明能获得什么利润，也没有对他解释科学道理。他坐下来先弹起了客厅里的钢琴。弹着弹着他忽然停止，向许拜特说：

"你可知道，如果我把这只板踏下去，向这钢琴唱一个声音，这钢琴便也会复唱出这声音来。譬如我唱一个'哆'！这钢琴便会应一声'哆'！这事你看有趣吗？"

许拜特放下手中的书本，好奇地问："这是怎么回事？"

于是，贝尔详详细细对他解释了和音或复音电信机的原理。通过这次谈话，贝尔终于说服了许拜特，使他梦想成真。

善于化解误会

在社交活动中，由于一些意想不到的原因导致失误，可能造成不必要的误会，影响彼此关系。比如，一对初恋者约会，小伙子因意外事情迟到了，又没说明原因，姑娘便认为他是个靠不住的人，关系出现危机。再如，某单位领导找部下谈话，通知其调动工作，因没说明这是组织集体讨论决定的，使对方误以为是他的主意，从此对他耿耿于怀。

其实，这些误会本来并不难消除，只要当场把真实情况多说上一句话，便可免去很多麻烦。可是，人们往往忽略了，没说这句话，结果留下遗憾。当然，事后进行疏通说明也可以补救，但总不如当场消除误会的好。正是在这个意义上说，必要的自我解释是少不得的。我们不妨这样说：少一句不如多一句。

那么，如何进行自我解释才有效又有益呢！

1. 解说原委

当由于特殊原因造成失误时，应及时实事求是地陈述原委。如本文开头的事例，小伙子迟到是因为路遇小孩打架受伤，他送小孩去医院。对此，他以为这是应该的，而没有主动说明，以至姑娘产生了误解。如果他当时就说明此事的话，也许他们的关系就是另一种结局了。

为了防止他人产生潜意识的责难，当事人也可用自言自语方式对自己行为上小的失误进行解释。比如，开会时间过了，主持会议的领导才匆匆赶来，他边走边说道："叫大家久等了。临时接待了外商，刚送走。现在开会吧。"只此一句，起码有两个作用：一是平息大家的怨气。主持人迟到，耽误了大家时间，如此自我解释就是一种道歉。二是说明了迟到不是有意的而是遇到了特殊的情况，易于得到他人的谅解，不致影响领导的威信。

2. 交代关系

有时在交际场合，对于可能引起他人猜测的人际关系或敏感问题，也要主动说明，以解嫌释疑避免误会。有位处长到北京办事，顺便看看老同学，老同学的上大学的女儿跟他上书店去买书。正巧碰上本单位一位出差的同事，处长和他寒暄几句就匆匆而过。等他回到单位时，他在北京的"艳遇"已经满城风雨，任他如何解释也说不清，使他十分苦恼。其实，他当时只要多一句解释关系的话，这一切都不会发生了。

对于易于为人猜测的男女关系等敏感问题应及时落落大方地说明，就可免去很多麻烦。某单位一科长与一位女同事公出，在街口遇上一位熟人。科长主动介绍："这是我们单位的小王同志，一块儿到上级机关开会，刚回来。"小王主动与之握手相识。这样介绍，自然免去了很多误解。

3. 说明背景

有时，在交际中为把事情说得更准确，使他人理解得更全面，不致造成误会，还应对背景材料做必要的解释和说明。比如，某书记找工人交谈，一开始就交代背景："马上要进行优化组合了，可能要涉及你，我今天是以朋友的身份来和你交心……"书记这样解释自己的身份，说明不是传达组织决定，而是朋友间推心置腹的交心，所以气氛更融洽，工人也敞开了心扉。

还有时，主动解释个性性格，或个人心理，给对方打"预防针"，也可防止造成对自己良好动机的误解。比如，在提出对方不爱听的问题时，常常有一句先导性的话："有句话不知当讲不当讲……"，"我有一句多余的话，你可能不爱听……"，这种打预防针式的解释背景的话，可以使对方充分理解自己的善意，不致当场形成误会和对抗而影响彼此关系。

善于变换角色

每个人在社会生活中，都扮演着一定的"社会角色"。在诸种角色中，领导者的角色往往是最令人注目的，由于领导者地位和作用的特殊性，很自然地成为其他社会角色尊重、追随或奉迎阿谀的对象。而后一种现象对于领导者全面了解情况、有效地开展工作和完善自己的形象是很不利的。

那么，领导者如何才能冲破领导角色的负面效应呢？方法有多种，这里介绍一种角色易位法，即暂时改变一下领导角色，以平民身份出现在群众中，了解第一手材料，进行正确决策的方法。

1. 改变视角，扩大视野

角色易位可以改变领导者的视角，从一个全新的角度，看到事情的另一面，有助于更全面地看问题，得出正确的结论。

某市市长为解决群众坐车难的问题，他走出机关，多次利用星期天、节假日，以普通市民的身份到最拥挤的大街去等车、挤车。他尝到了坐车难的滋味，听到了乘客的牢骚、司乘人员的建议，掌握了大量第一手材料和可靠数据，看到了问题的症结：运管线路不合理。于是一个改造计划形成了。在他的组织下，兴建了调度站，调整了车辆流向，市民坐车难的问题得到了缓解。

从此例可以看出，角色易位方式可使领导者获得更大的活动空间，接触更多群众，有利于多角度、多侧面地观察问题，了解情况，进而做出正确决策。

2. 遏制歪风，整治邪气

领导采取角色易位方式下基层时，不事先通知，轻装简从，以普通一员身份到辖区亲自察访，就能轻而易举地弄清事情的真相，使不正之风曝光，有助于遏止不良现象。某部大浴池里 100 多人挤在一起洗澡。不知啥时候又多了一个胖老头，他看到水浑，问战士怎么回事？战士以为他是临时来队的家属，就说："机关干部洗头遍，当兵的只能洗浑汤了。"胖老头还看到五个淋喷头坏了三个，而且还忽冷忽热。这个胖老头洗了个窝囊澡，闷闷不乐地走了。原来他是新调来的政委。听说师政委进了大澡堂，营房科、军需科、军务科的领导不等师政委找他们，都到了大浴池里来，大家按分工干起来，安喷头，换开关，修门窗，调整洗澡顺序，几天后浴池的面貌焕然一新。

你看，领导角色易位引起了如此大的连锁反应。可见它能有效地突破官僚主义、形式主义者们筑成的防线，了解实情，使下级受到触动和教育，使久拖不决的问题得到解决。

3. 体察民意，陶冶感情

有的领导放下架子，深入群众，与他们平等交往，建立了休戚与共的感情。某市存在乘车难、入托难、买菜难的问题，长期得不到解决，群众反应强烈。书记过去只是在会议上强调一下，后来他搞一下"微服私访"，也提着篮子上市场买菜，排队买油条，挤公共汽车。他亲眼看到一些女工一手抱着孩子，一手拿着油条啃，一溜小跑奔车站。车来了人多挤不上去，孩子哇哇叫，女工急得掉泪，说："这下可迟到了"，"当官的也抱上孩子挤挤车，尝尝这滋味！"这些他看得清楚，不禁眼睛也发湿了。群众挤不上车，骂娘，是怕误了上班，想的是工作。一种强烈的同情心，责任感油然而生，从感情上与群众形成了共鸣。于是，才有了在干部大会上慷慨激昂的呼吁，才有了迅速果断建托儿所、调整职工住房、增加服务网点等为民解忧的举措。

可见，领导者角色易位方式有助于他们站在群众的立场上想问题，塑造自己的平民形象，与群众建立良好的关系。角度易位方式实行起来并不难，领导者不妨一试。

怎样走出尴尬

喜剧大师卓别林第一次上台演讲，因过分激动紧张，一头栽倒，跌下台去；女强人撒切尔夫人访问北京，在欢迎仪式之后一脚踏空台阶，身体失衡，即将倒地，幸而被侍从拥住……这种在众目睽睽之下意外的现出洋相，即使最有修养的人也会脸红心跳、窘迫尴尬的。

那么，如何处置这类叫人难堪的场面，维护自己的交际形象呢？有个实例对我们可能有一定启示：

二次大战期间，艾森豪威尔将军到亚琛附近的一个供应站视察。在那里他发表了简短的演说。当他走下讲台时，突然滑倒在一处泥潭里，惹得士兵哄堂大笑起来。作为盟军统帅，在士兵面前出此洋相，遭到哄笑，他那窘迫又恼火的样子是可以想象的。但是，出人意料的是，他一点也没有生气，他选择了幽默。只见他抖了抖身上的泥水，便跟着大家一起哈哈大笑起来，说道："'某种迹象'告诫我，我这次到这里来视察是一次巨大的成功！"士兵们热烈鼓掌，此刻已不是因为滑稽，而是为他的幽默！就这样他借助于幽默摆脱了尴尬，同时还展示了他作为统帅处理突发事件的机智和良好的修养，真是一举两得！这个事例告诉我们，运用幽默方式自我解嘲，不失为一种明智的选择。

在公众场合失态往往是过分紧张或激动造成的。因此，为避免失足失态，首先应注意克服心理紧张，做到热烈而不失沉着。要留意自己的足下，以保持身体平衡。当出现意外失态的难堪时，应将计就计，借助幽默，演出一幕"生活喜剧"，在笑声中摆脱窘境，塑造讨人喜欢的形象。这类"生活喜剧"大体有两种"演"法：

1. 巧妙引申法

就是把失态与当时的场面、自己的使命相联系，创造语言幽默，使之成为交际宗旨的组成部分，引出笑声。中央电视台《正大综艺》节目原主持人杨澜也有过类似的经历。一次在广州天河体育中心演出，她担任节目主持人，当走下台时不慎摔倒在地。在如此众多观众面前出现这种情形，甭提有多难堪了。但就在她从地上爬起来的刹那间已经构思出几句解窘的台词。她面带微笑对观众说："真是人有失足，马有失蹄呀，我刚才的'狮子滚绣球'的节目滚得还不熟练吧？看来这次演出的台阶不那么好下哩！但台上的节目会很精彩的，不信你们瞧他们的。"这段应急的即兴演讲，不仅为自己解了窘，而且显示了她的卓越口才和风采，赢得了在场观众的喝彩。

2. 逢场作戏法

既然当众出了丑那就干脆当一次叫人捧腹的"丑角"，把戏做下去，同样可以获得意外的效果。如某剧团到工厂慰问演出，一位工会干事代表全厂职工上台致欢迎辞。因他是头一次当众讲话，心情过分紧张，当念完讲稿时，不慎讲稿散落在舞台上，又被风扇一吹，讲稿在舞台上飘舞起来。他下意识地去追扑，引得全场大笑不止。出了洋相，如何收场呢？他心一横，将计就计，干脆拿出喜剧大师卓别林的滑稽步态去追稿纸。这一来，大家笑得更是前仰后合，待他拾完稿纸来到话筒前，说道："我表演的小品'追稿'演完了，谢谢大家捧场！下面正式演出开始！"台下的笑声立刻转为一阵热烈的掌声。这个由失态转化来的小插曲，收到了意想不到的效果。

善于巧妙斡旋

现实客观存在，对于这种本来已经很清楚的事实或想法，出于某种顾忌或某种策略的考虑，故意使用含义广泛的词语，使话里面具有某种弹性，这样就可以应付各种不便做出准确回答的特殊场合。

一位银行家不怀好意地问作家大仲马："听说，你有1/4的黑人血统，是吗？"

"我想是这样。"大仲马老实地回答。

"那令尊呢？"

"一半黑人血统。"

"令祖呢？"

"全黑。"大仲马答道。

"请问，令曾祖呢？"

"人猿。"大仲马一本正经地说。

"阁下在开玩笑，这怎么可能？"银行家表示他不敢相信。

"真的，是人猿。"大仲马怡然说，"我的家族从猿开始而你的家族是到人猿为止。"

在我们身边或单位里，领导为了纠正某种不良倾向，又不至于使矛盾激化，常常说："最近一个时期，我们单位的纪律状况总的看来是好的，绝大多数同志比较自觉，但也有极个别同志表现较差……"这里，"最近"、"绝大多数"、"极个别"就是含有很大水分的应付场景的话。这些话对于处理特殊场合有很好的效果。

在严肃场合尤其是在政治立场上对突发事件，在还没有弄清来龙去脉，又不得不马上做出反应时，也需要多给话里加水，模棱两可，以应付暂时的情况。如"我们注意到了贵国领导人的讲话"，"我们注意到了××事态的发展"，"注意到了"只表示"知道了"，但并没有表明自己的观点，让自己有进退的余地，拥有主动权。

1779 年夏天，法国革命家康斯坦丁·沃尔涅俞去拜访美国第一任总统乔治·华盛顿。沃尔涅为了达到周游美国各地的愿望，请求总统开了张介绍信。华盛顿这下子十分为难，心想：不开吧，不免让沃尔涅碰钉子；开吧，又叫我为难。于是他写道："康·沃尔涅不需要乔·华盛顿的介绍信。"

法国总统密特朗身材魁梧，体态有发胖的迹象。一天，他的一位朋友规劝他说："总统阁下，我劝您最好天天去游泳，这样对你身体健康会有很大好处的。"

"是啊，我也常常这么想。只是大海里有带鱼，也有鲸鱼，不知道我会变成哪一种呢？"

兵法二

走进社交的大课堂

社交是大课堂，其中深藏着许多大小的学问。每个学问都不是清茶粗饭，可有可无；相反，却构成了人生重要的成败课题。如果你能把这门学问奉为必修课，就能比别人少走许多弯路。

第 1 节　做人办事的社交语言艺术

讲话要注意身份

　　讲话的效果不仅与讲话内容有关，而且与讲者自身的身份有密切的联系。当讲话内容、语言风格，与讲者的身份保持一致时，听者会对内容产生认同感，形成共鸣，进而赢得最佳的表达效果。反之，效果就会大打折扣。请看下面这个例子：

　　有一位从未到过前线的人介绍前线的情况，尽管他用了很多十分精彩的词汇，动人的事例，讲得慷慨激昂，绘声绘色，但是，听众却激动不起来，没有引起轰动。此后不久，一位战斗英雄作报告，他用朴实的语言，讲自己亲身的经历，前线的见闻，真情实感，悲壮热烈，使全场听众激动不已，群情振奋。

　　你看，大体相同的内容，由不同身份的人来讲，效果迥然有异。这生动地说明，演讲者身份对于演讲效果的影响是不能忽视的。

　　这种影响主要是由于听众对于讲者的"角色期待"心理造成的。一般说来，讲者总是以特定角色身份进行演讲，而听众也说是带着"角色期待"心理来听讲的。作为讲者，不仅通过他讲述内容去征服听众，而且他自身的身份也在无言之中影响着听众。作为听众，在接受讲话内容时，又总是把讲者所言与其身份结合起来加以理解，不仅对内容做出评价，同时对讲者也要做出评价，还把内容和讲者的身份进行比较，寻找其中的内在联系。如果讲者身份和讲话内容相一致，他们听起来会更容易接受和理解；如果两者之间的距离较大，认定你这个角色不该，或不能讲出这些内容时，他们就会从内心里产生对你所讲内容的抗拒性，甚至否定你所讲的内容，这样，演讲的影响力就会大大削弱。

讲者的身份主要的是指其职务、地位，还包括讲者的年龄、文化、经历、性格等，听众往往把上述要素一并加以考虑。它是演讲的背景，制约一个人演讲的内容、形式、格调和语言。一个年长的讲话者与一个年轻的讲话者，听众对他们有不同的要求和标准。一个专家、学者和一个文化层次较低的人的演讲，在内容和选题上就应有所不同。在听众眼里，人们在讲话时，其讲话的选题，看问题的视角，信息内容及其数量等，应与他们自己的身份大体相称，这样的演讲才会产生预期的效果。反过来说，演讲者不应盲目地追求与自己的身份不相符的东西，否则就会事与愿违。

有些人就是这样，他们讲话时只考虑内容是否感人，而不考虑内容与自己的身份是否相符，用一些自己的内容和语言充斥自己的演讲，希望产生轰动效应，结果难以如愿。比如，某部一个文化较低的连队优秀饲养员上台介绍自己的经验体会，他拿着由"秀才"写和稿子念，大量使用形容词和文言词，听众一听就不是他的东西，私下说："这小子，老老实实一个人，怎么也学会卖弄字眼，哗众取宠了！"他的事迹反而让人生疑，有编造之嫌。再如，有位学者到基层做报告，为了表明自己贴近生活，体现民意，在报告中他用了一些土语，说一些粗俗话。大家说，"这个人怎么不像学者呢？这么粗！"很显然，大家是把他当成学者身份来听讲的，可他使用不当口气说话，反而让人感到不对味。

让语言充满阳刚之气

在现实生活中，有些男性的口语表达多了些脂粉气，少了些刚性，比如他们说话或细声细气，啰唆唠叨；或扭捏作态，动作太柔；或卿卿我我，喜欢和人"咬耳朵"；有时说话没有准头，颠三倒四，说了不算数等。这种缺少雄健气息的语言表达不但不利于人与人之间的沟通，而且有损于男子汉的形象。尤其是作为男性领导者，如果缺少语言的雄健之美，人就少了刚性和威严，就可能影响他们在群众中的威信，进而影响工作的顺利开展，这就因小而失大了。为此，应注意这样几个问题：

1. 让思想性格强化阳刚之气

男性语言的雄健特色虽然与性别有关，但决不完全是男性性别自然赋予的，而是后天培养锻炼出来的。它是与男性的性别意识、工作责任心、使命感及其在生活中所扮演的角色紧密相连的。一般情况下，许多男性在社会生活中担负着重要的责任，有时起着女性起不到的作用。比如，在各级领导岗位上男性占大多数，在战争、救灾等危险环境中，男性冲锋陷阵。所以，作为男性必须十分清楚自己的职责和地位，这样在特定场合才能有意识地在言行方面表现出顶天立地的男子汉气概和坚强的形象。也可以说男性树立起很强的社会责任感、使命感是形成雄健语言的内在思想基础。很难想象，一个不敢负责的胆小怕事的男人，他的语言会表现出刚性来。

2. 用雄厚知识助长阳刚之气

语言的雄健还与人们的学识、见闻有直接关系。一个人的知识面宽，理论修养好，他说话的理性色彩就浓，逻辑性就强，自然就会有力度。所以，尽量多一些见闻，多学一些理论知识和哲学原理，加强思想和理论修养，这样你的谈吐就会得到知识的支撑、逻辑力量的强化。

3. 用表达技巧"包装"阳刚之气

还应有意识地通过书刊和新闻媒体常常学习掌握成功男人口语表达的技巧和形式，在此基础上，加强口语交际实践，这样就会在潜移默化之中增强自己语言表现的力度，形成自己的风格，展现出自己独特的男性语言的雄健之美。

言语表意贵补充

在交际表达中，常用到一种口语表达方式——补充。所谓补充，即是在说明、介绍某一情况、见解时，自己感到还不够理想，或分量不足，或者有不当之处，而作进一步的追加说明、解释，使自己的语言表达得更尽意更完满。

补充表达方式之所以必要是因为：一方面由于口语表达本身的特点所决定。在交际现场说话，通常是边想边说，因时间仓促，可以没有想好就说出来，难免不严密，有疏漏，就需要加以补充。另一方面，有时说者故意使用补充方式，目的是强调为了追求特殊的表达效果。在口语表达时，常见的补充方式有：

1. 积疑性补充

所谓积疑性补充，就是指在讲话过程中，当自己意识到对某一问题的阐述不够完满，或对方可能造成误解时，所作的进一步的解释性说明。比如，庄泳在第三届泛太平洋地区游泳锦标赛获得女子 100 米自由泳冠军后，有记者问她："你去年在汉城奥运会上获得银牌，这次获得金牌，这两者你喜欢哪一个？"庄泳微微一笑说："我都不喜欢。"众记者一听感到迷惑不解，她补充说："我喜欢的是破世界纪录，当世界冠军。"在这里，她的回答是先在前面甩一个包袱，造成大家的疑问，而后才把自己的想法介绍出来。这样就产生了一定的幽默效果，要比直接说出来要好得多。

2. 强调性补充

有时，为了使自己阐述的某一思想观点得到强化，以引起对方的重视，也使用补充方式，重复说明前述观点，或变化词语再行说明。这样通过对谈话内容的重复形成的强调性补充，就可以达到使对方加深印象的效果，防止产生理解上的歧义。比如：某单位在组织一部分同志外出执行某一机密性任务之前，领导进行了一次思想动员。在动员中，领导在提出一般性要求后，还觉得分量不够，于是又加重语气补充说："这项任务是十分机密的，不得外泄，包括对自己的家属也要保密。这是组织纪律，希望大家一定要坚决遵守。"显然，这一补充强调是十分必要的，对于引起每一个同志的高度重视，自觉执行纪律有重要作用。

开玩笑的艺术

精彩得体的玩笑是一种交际口语艺术。它通常是以创造欢乐和谐的交际气氛为目的，以自己或交际对象为话题，运用有趣的语言制造笑声的口语表达方式。善开玩笑能表现一个人乐观幽默的品质，机智动人的口才，有助于调动他人的亲近感，赢得他人由衷的钦佩和喜爱，进而促进交际的成功。

周恩来同志开玩笑就有这样的魅力。他常常根据不同的场合，不同的对象，不同的问题，恰到好处地运用开玩笑方式为交际活动添上几束绚丽的花朵，引人情不自禁地发笑，让人笑得开心，在笑声中达到交际的目的。下面试举几例，我们可从中受到教益。

1.运用开玩笑，化解矛盾，促进合作

1972 年 2 月，美国总统尼克松访华，在发表中美联合公报之前，尼克松一行到上海访问，下榻在著名的锦江饭店。2 月 27 日周总理到达上海，特地去看望国务卿罗杰斯和他的助手们。当他乘电梯停在 13 层的时候，立即意识到了什么，说："怎么能安排他们住第 13 层？ 13 呀！西方人最忌讳 13……"此刻，国务卿罗杰斯手下的官员正在为此事发牢骚生气，一个个面有愠色。周总理来了，在国务卿罗杰斯示意下手下人只好客气地装出笑脸，极不自然。在交谈中，周总理说："有个很抱歉的事，我们疏忽了，没有想到西方风俗对'13'的避讳。"接着他风

趣地说："我们中国有个寓言，一个人怕鬼的时候，越想越可怕；等他心理不怕鬼了，到处上门找鬼，鬼也就不见了……西方的'13'就像中国的'鬼'。"说到这里，众人哈哈大笑，周总理也笑了。接下去，外宾眉开眼笑，怨气顿消。

在此，周总理把"13"当成"鬼"，以开玩笑方式，在谈笑之中化解对方的怨气，巧妙地消除了可能出现的障碍，后来中美联合公报按时顺利发表，恐怕与周总理注意以幽默的方式，化解此类矛盾是不无关系的。

2. 运用开玩笑，表达心意，密切感情

1960年，周总理为庆祝朱启钤先生90岁寿辰举行了一次小型宴会，请了一些79岁以上的在京政协委员作陪。周总理在祝酒时，说："今天在座的都是70岁以上的老人，我是个小弟弟。我们今天不只是给朱桂老（朱启钤号桂辛）祝寿，而且也是给在座的各位老人祝寿。"总理风趣的祝词，使在场的老人们喜形于色，表示谢意，宴会的气氛热烈。当朱老的家属集体向周总理来敬酒时，周总理半开玩笑地说："你们什么时候请我吃饭？听说你们朱家的菜很好吃。"听罢而言，大家都被他逗笑了，朱老说："好呀，那就请总理定一个日子吧！"在这样的喜庆场合，他的玩笑话引出阵阵笑声，把彼此的关系拉得更近了，充分体现了我党对于民主人士的关怀、友好和信任之情。

3. 运用开玩笑，活跃情绪，营造热烈气氛

还有一次，周总理陪外宾到密云水库参观，他劝大家吃栗子、核桃、梨和苹果，说这是修水库带来的结果。席间，他见廖承志聚精会神吃水果的样子，就开玩笑说："喂，廖承志，吃那么多行吗？我要告诉夫人了。"听了总理的话，廖笑了起来，更有滋味地吃他的核桃、栗子。外宾也都笑了起来，都说总理平易近人，风趣迷人，和他在一起非常开心。

从上面几例不难看出，周恩来同志在对内对外交往中，其言行举止不仅优雅、严谨、谦和、睿智，而且在一些特定场合又不失活泼、幽默、风趣的风格。善于开玩笑就是这种风格的生动体现，值得我们学习。

打比方也要高雅

在交际口语中，打比方是最常用的一种表达技巧。它可以把事情说得形象生动，富有情趣，把深奥的道理阐述得浅显易懂，精彩的比喻还可以调节社交现场的气氛，让人产生愉悦感。但是，也有些人打比方过于粗俗、欠雅，如同不和谐的音符，让人反感，影响交际。尤其是运用粗俗比喻对他人做出评价时，副作用更为明显。下面任举几例：

1. 拿动物作比

比如，有人在批评再次出现失误的人时，说："你是属驴的，记吃不记打！"对方一听就拧了脖子。再如，对一个贪吃的人，这样说："瞧你胖得像头猪似的，还吃，不忌嘴！"对方听了很不高兴。还有人拿猴子、狗熊、狗等动物作比，说明他人的缺点和不足，都属不尊重别人的具体表现。

2. 拿物件作比

比如：有人对办事不灵活的人提出批评时，说："你就是个榆木疙瘩脑袋，一点灵活劲儿也没有！"还有人这样说："你是石头，没有长着嘴？为什么当时不说？"对方听了很不服气。比喻不雅，也会得罪人。

3. 用丑恶事物作比

比如，一个姑娘抹口红太浓，有人冲她说："瞧你的嘴巴和吃了死耗子似的，真怕人！"姑娘一听就火了："我喜欢，你管得着吗！"再如，老王见同事穿一件灰不溜秋的旧衣服，便说："瞧你也真会打扮。和马王堆出土的古尸差不多，没有一点鲜亮劲儿！"对方一听就没有好脸色，反诘道："谁有你会穿？花里胡哨的，像个狐狸精！"闹得彼此都不愉快。

从上面几例不难看出，当人们使用不雅事物作比，用于表达否定的意向时，因其刺激性很大，易于伤人自尊。即使彼此之间关系较为密切，对方心里也会不高兴。因此，在社交口语中，我们应杜绝粗俗欠雅的比喻。

赞美，交际的润滑剂

喜欢听赞美似乎是人的一种天性。当来自社会、他人的赞美使其自尊心、荣誉感得到满足时，人们便会情不自禁地感到愉悦和鼓舞，并对赞美者产生亲切感，这时彼此的心理距离就会因赞美而缩短、靠近，自然也就为交际成功创造了必要的心理条件。

特别是当交际双方在认识上、立场上有分歧时，适当的赞美会发生神奇的力量，它能钝化矛盾，克服差异，促进理解，加速沟通。所以，善交者每每运用赞美武器，为自己开路。1973 年 2 月美国总统尼克松访华期间，由于尼克松没有安排随行的国务卿罗杰斯参加毛主席的会见，使罗杰斯十分恼火，因而打算对中美联合公报的发表制造麻烦。周恩来总理知道这一情况后，主动去见罗杰斯。一见面，周总理就说：国务卿先生，我受毛泽东主席的委托来看望你和各位先生，这次中美两国打开大门，是得到罗杰斯先生主持的国务院的大力支持的，我尤其记得，当我们邀请贵国乒乓球队访华时，贵国驻日本使馆就英明地开了绿灯，说明你们的外交官很有见地。罗杰斯听到赞扬十分高兴，笑着说："总理先生也是很英明的，我真佩服你想出邀请我国乒乓球队的招，太漂亮了！"一下子就将两国疏远的距离拉近了。这次交谈使罗杰斯及其手下官员的气消了大半，以致使中美联合公报如期发表。这个事例再次证明，赞美是谋求交际成功的润滑剂。

赞美作为一种交际语言表达方式，应区别对象，掌握火候，讲究技巧，恰到好处。其原则主要有：

1. 赞美要真诚自然

真诚的赞美有纯洁的动机，它不是为了谋求从对方得到什么才赞美。如卡耐基所说："如果我们只图从别人那里获得什么，那我们就无法给人一些真诚的赞美，那也就无法真诚地给别人一些快乐。"同时，真诚的赞美又是发自内心的，它是对对方的优点表露出来的由衷地赞赏，所赞美的内容是确实存在的，不是虚假的。赞美的语气通常亲切自然，表情和悦真挚，使人感到情真意切。如果赞美他人时，持一副冷冰冰的面孔，或满脸讪笑，用阴阳怪气的口吻，那么，对方八成会认为你在耍笑他, 是虚情假意, 是别有用心。这样的赞美就变了味, 难以取悦于人。比如, 对一个胖子说: "呀, 你好苗条! "这种失真的赞美是最蠢的, 只能自寻难堪。

2. 赞美要恰如其分

当对方期待得到赞美时, 你给予赞美, 那是最得体最有魅力的赞美。同时, 这种赞美应是具体的不是抽象空洞的。周总理对罗杰斯的称赞之言就属于这一类。一般说来, 具体的赞美指向明确, 对方会感到受之无愧, 而抽象的赞美缺少特指意义, 可以用在任何人的身上, 有寒暄客套之嫌, 难以使人产生特别的激动之情。与之相关的是赞美用词应恰当准确, 有分寸感, 不要夸大其词, 要避免使用"最最"、"绝对"、"举世无双"之类的极限性词汇。比如, 对一个做出一些成绩的人赞美说: "你真伟大! 简直无与伦比! "这样的赞美不但不会使对方高兴, 反而使之感到紧张、尴尬, 进而怀疑你的诚意和动机。

3. 赞美要适可而止

赞美性语言虽然有积极作用, 但绝不是越多越好。因为, 对人施以赞美毕竟不是交际活动的最终目的, 它不过是促进心理相容, 是交际进程中一种手段。因此, 赞美之言不能滥用, 应点到为止, 而后要在和谐友好的气氛中迅速转入交际的正题, 追求交际的成功。如果一味赞美, 把交际活动当成歌功颂德的舞台, 就会适得其反。过头的赞美一旦变成肉麻的吹捧, 赞美就失去了积极意义, 赞美者就成了阿谀奉承、吹嘘拍马的可耻之徒。这里应记住一句古语: 过犹不及!

总之，我们应牢记一条重要的交际原则：赞美有助于交际的成功。

为此，就要有一双善于发现美的眼睛，随时捕捉交际对象的可赞美之处。那时，得体的赞美之辞就会随口道来。

善于捕捉时机

若不能好好把握说服的时机，时机稍纵即逝。所以，懂得把握时机的人，都具备以下两项条件：

第一，善于寻找时机。

第二，要有果决的说服胆量。

这两项是缺一不可的，一旦判定时机到来，千万不可犹豫，否则机会难再。

例如，某职员还需三天的时间才能完成上司交代的工作，所以他想说服上司宽限工作天数。他一早就到上司的办公室去。面对上司，这位职员说话时竟显得吞吞吐吐的，半天说不出一个所以然来，一副不知该从何说起的样子。

这时，上司虽明白职员的意思，但是，看他一直说不出口的德性，就借机采取先发制人的攻击：

"对了！我忘了告诉你，这件企划案明天就要交出来，知道吗？"

他本来想说服上司将工作延到第三天的，结果不但没有说服成，反被上司要求提前完成，只好垂头丧气地走出上司的办公室。

其实这位职员一见上司，应马上开口道：

"上次您交代的工作，无论如何还需三天的时间才能完成。事实上，再加上三天还是有点赶，但我们全体工作人员一定会全力以赴的。请经理再给我们三天的时间吧！"

想要说服他人，就应把握住时机，直截了当的说服对方。先下手为强说服，才能一举成功。下面列举一些社交场合中最好的说服机会：

1. 当你要找时机说服别人时，大清早是最好的时机。

2. 欲将私事拜托他人，或与之讨论较困难的事情时，在做完一件事的休息时间是最好的机会。

3. 当你要别人同意你所提出的事情时，在外出前、开会之前，或者当对方非常慌乱之际，都是最好的时机。

4. 一般低血压的人，通常在中午时身体状况比较差，所以如果有比较复杂的事情要处理，最好是在午后比较恰当。

5. 事情要有本末之分，你可以将较不重要的部分，预留到下一个阶段再来说服："原来在上一周就应该有结论的，但是……"以这种方式说服定能让对方接受。

6. 同样的，在周末你可以说："如果拖到下星期，将会有更多的麻烦，所以必须在这个星期……"这也是迫使对方接受的一个好机会。

7. 当对方对你心怀感激时，是说服的最好时机。换言之，当对方处于低姿态时，你去说服绝对会令对方难以拒绝。

8. 你可反过来利用对方说服你的时候说："刚好，我也有事拜托你。"

9. 如果你能够掌握到对方的工作流程，确定对方什么时候忙，什么时候空闲，便能掌握到最佳的说服机会。

10. 过一段时间后再找寻机会，这是最需要注意的事情。在高尔夫球场上遇见的对象，如果你第二天就去向他推销，往往会被拒绝。但如果隔了一周以后再去拜访，你只要简单地向对方打招呼，就能够与对方保持良好的关系，这也是最聪明的做法。

11. 对工作场所的气氛，一个人的心情，对方的神色、观念、生活态度等，都必须有敏锐的感觉，如此才能掌握到说服的契机。

尽量使自己有话说

一般人总以为女性最爱讲话，因此有"三个女人一台戏"的说法。其实男性也是一样。人的本性都爱说话，但是在正式的说话场合里却紧张慌乱，不知如何措辞，不能流利地抒发己见。那是因为觉得话题很贫乏的缘故。若是遇到了特殊的事件，或是自己具有异常经验的话题，绝不会无法置辞。从这里可以说明能否滔滔不绝地陈述己见，和话题的丰富与否有密切的关系。

要挖一个洞，需要有某种程度的宽度才有可能，而洞愈深，宽度要愈广。如泰山等的高山，其山麓也相对地宽阔。所以同理可说，讲话的题材也是从许多话题当中选出来的，运用判断力选择能够达到说话目的的适用材料，成为强而有力的话题。那些高谈阔论、颇具声色并能令大家注目的成功说话者，就是这样产生的。

那么这个丰富的话材是从何处而来呢？其实在我们日常生活当中，就有取之不尽用之不竭的说话材料，只是看我们如何用心地去搜集和利用这些资料而已。

在我们的周围经常会碰到许多不同的情况，看见无数的现象，听到各种各样的事情，自己也读了不少的书，然而却仍旧无法活用话题，这是因为观察力不够的缘故。一般人看一件事物，往往不经过思考，只是映现在眼睛的网膜上，未在心中留下深刻的印象。而每个人都应培养细微的观察力，把每天所看见和体验的事情，记录下来或记忆在脑海中，即可成为日后可应用的话题。

你知道拍立得照相机是如何发明的吗？听说只是从一个小孩单纯的质问"为什么照片不能照了就立刻出来呢"而获得提示才发明的。这是因为大人观察事物时，不再有新鲜好奇的心，经常都具有固定的观念，认为本来就是如此，所以容易忽略了洞察问题本质的存在。

有一位很年轻就守寡的妇人，丈夫死后，她必须独力经营自己的公司。公司里有 50 名员工，这位寡妇忙得分身乏术，无法妥善地照顾自己的小孩，但是她仍然含辛茹苦地扶养两个女儿到大学毕业，只是这位母亲对于新潮派女儿的生活方式，以及她们对于母亲不够尊敬的态度和任性的行为非常不满意，认为自己已经对女儿付出如此的爱心和关注，却得到这种态度的回报，感到万分遗憾。

不久大女儿结婚了，在婚宴当天，朋友们帮忙分发给参加宴会的贵宾一人一份小小的卡片，卡片里面写着新郎、新娘的生平介绍、读书经过、家庭状况介绍，其中有一栏是"我最尊敬的人"，这位母亲看着卡片，忽然激动地哭泣起来，看到大女儿在这一栏里填着"我的母亲"。这时含辛茹苦养育女儿 20 年的母亲，恍然明白女儿并没有忘记母亲的恩德，深深地感到高兴和欣慰。

观察事物时，必须深入到事情的本质中去，这是非常重要的。"我本来就是差劲的人"、"我的父母不行，我的祖父母也不行，我看这是遗传"。这样的说法都是失败者自圆其说和推卸责任的托词罢了。天赋并没有什么极端的差异，一个人的能力强否是与他本人的努力有关的。

　　为了能和周围的人愉快地交谈，我们应该尽量使自己的话题丰富。我们对于平日的所见所闻，或从阅读的书籍中吸取到的丰富知识，以及自己亲身体验的各种事物里，培养一种思考的习惯，并且运用敏锐的观察力，日积月累，就能丰富自己说话的题材，于是不管是和怎样的对象，以及不论在任何场合中，都能轻松地应付自如，谈笑风生而受人欢迎了。

不要讲刺人的话

　　有一位男士在妇女面前说些相当露骨的有色笑话，有位女士就警告他："在淑女面前，不应该说这样的话。""啊！你自以为是淑女呀！"他这样回应。大家听了都哈哈大笑，但是这种笑话会留下不舒服的阴影。被当做笑柄的人常常开头就说："在这样经济不景气的时候，竟然还有这么多人来捧场，看来这个社会上无事可做的人还不少呢！"像这样刺人心坎的说法应该尽量避免。

　　有一次，某一个公司经理对新进人员的演讲中，说了上述的例子。后来有一位年轻人跑来对经理说："如果早一点听到你的这些话……"原来这个人前一个晚上在酒楼被前辈打得鼻青脸肿，事情的经过是这样的——他具有喜好捉弄和挖苦别人的恶作剧习性，前一天中午在公司休息时间里聊天，他对一位比较接近的前辈开玩笑说："陈先生，你为什么要娶一个缺了牙齿的女人做太太呢？"这位男士的太太，大家都知道她的前牙缺了数颗，看起来像老太婆一样，因此在场的人都笑了起来，当事者也只好苦笑着，但是他的自尊心却被严重地伤害了，于是当天晚上的酒席过后，这位前辈当着大家的面说："这个家伙刚进公司就这么不知好歹。"说完还对这位年轻人拳打脚踢。可见人们对于刺伤他自尊心的言语将会耿耿于怀。

"女孩子皮肤的最佳状态，是在 18 岁到 20 岁。在座的各位女性都已超过这个年龄了，不久就会变成满脸皱纹，即使你抹上了厚厚的粉，又涂上了蓝绿色的眼影，但是看起来就像粉刷墙壁一样，又像被揍了一般，这样有哪一点好看？"

听到这种话的女性，虽然当时不好发作，但是心里某处却会留下不愉快的疙瘩。

像这种刺伤人的话，不仅不会令人留下爽快的余韵，反而会留下令人意想不到的严重伤害。因此要特别注意，不要口不择言，更不可出口伤人。

第 2 节　做人办事的社交行为艺术

良好的外在形象

外在形象主要是指音容仪表。心理学试验表明，外表漂亮整洁和风度气质俱佳的人，一般都能博得人们的好感，引起人们的注意。在需要帮助时能得到支持，在有错误时能得到别人的谅解。

1. 注意整洁

（1）头发应保持清洁，梳理整齐，发型不要太怪。男性交际者的头发不宜过长，要适时理发，胡须亦应常剃，因为头发和胡须的乱和长都是不礼貌的表现。

（2）指甲要经常修剪，不宜留得太长，还要注意修剪鼻毛。让鼻毛长出鼻孔也是不礼貌的表现。

（3）女性交际者化妆要淡雅。眼黛、口红、面颊在白天都应显得清爽素雅，晚宴可以稍浓一些。洒香水也不能用量太多，幽幽清香即可。

2. 注意着装

（1）衣服要大方、整洁、合体、合度，避免过多虚饰和奇装异服，以便更充分地反映出朝气蓬勃和稳重的精神面貌。

（2）一般交际场合可穿便衣，但在正式或隆重、严肃的场合应着深色礼服。无论在何种场合，衣服都应熨平整，注意挺括整齐。着西装时，胸袋上可插放装饰的手帕，只有在工作场所才能插笔。

（3）在穿衬衫时，领口和袖口的污迹最显眼，因此要注意保持干净。如果打有领带，不能歪歪斜斜，松松垮垮，否则西装再好，衬衫再白，也会使人感到不舒服。

（4）穿鞋子时，鞋子颜色应与衣服颜色相配。在庄重和正式场合，以穿黑色皮鞋为宜，鞋子也应光亮干净，不能灰尘满面。

（5）如果戴有帽子，也应注意整洁和整齐。帽子的式样和颜色要和衣服相协调。

3. 注意言谈举止

（1）交谈时态度要诚恳，声音不要太大，语气要亲切，表达要得当，辅助动作不要太多、太大，不能用手指指人，不要拉扯拍打，避免引起别人反感。

（2）在同别人谈话时，要看着对方的眼睛，不要翻阅文件，扫地动东西，摆弄小玩意，否则给人留下一种不耐烦的印象。

（3）在坐下交谈时，不要跷二郎腿，更不要将脚胡乱抖动。谈话时也不能东张西望，否则会给人一种心不在焉或兴趣旁移的印象。

（4）参加别人谈话时要先打招呼。别人在个别谈话时，不能硬凑过去，更不要问自己不需要知道的事情，多嘴多舌，常使人反感。

（5）说话时要力求避免滔滔不绝，故意卖弄式的高谈阔论。讥讽攻击别人会惹人讨厌。在交谈中，要给别人发表意见的机会；当别人讲话时，不要随意打断别人的讲话。

（6）谈话过程中，不能挖鼻孔、掏耳朵、搓泥污、剔牙缝、修指甲；咳嗽、打喷嚏时应用手帕捂住口鼻，面向一旁，不能发出很大的声音。

（7）在参加交谈前，不要吃葱、蒜，要注意保持口腔清洁，防止口臭。如口有异味，可用咀嚼茶叶或咀嚼口香糖的方式来抑制。

（8）在交谈中，不能随地吐痰，乱丢果皮纸屑。吸烟要征得对方同意，烟灰要弹入烟缸。国家已规定不准在公共场所吸烟，要自觉遵守规定，不在公共场所吸烟。

注意身体语言

身体语言是语言中的一个类型，它是以包括身体的全部或局部的任何反映动作与非反映动作作为表现手段，以身体行动上可以分离的最小单位及其所涉及的人体密码为表现材料的一种非言语交际的行为。这说明身体语言同自然语言一样，都是传播信息的一种工具。不同的是，自然语言是通过语言来传递信息的，而身体语言则是通过身体的动作，或某一部分形态的变化等方式来传递信息的。

有人在一些场合受到过被威慑的力量。但这与人体语言是分不开的。

当你坐着时候，要尽量把胸部挺直些，将双脚靠近。当你舒服地坐着时，不能降低自己的身体。当你听你对面或旁边的人谈话时，你可以摆出一种轻松的而不是紧张的坐姿。当你在听别人讲述时，可以用微笑、点头或轻轻移动位置，来表明你的兴趣与欣赏品位。请注意电视上一些访问节目的主持人，他们的坐姿和倾听的态度可以说是一种艺术。

最有效果的声音，是诚挚自然、饱含着信心与凝聚力、并隐含着一种轻松的微笑。

没有什么比你看着对方或旁人的方式，更能说明你的信心。当你与对方交谈时，无论你觉得怎样的害怕或踌躇，都应看着对方。在直接凝视对方的同时，带着一种友好的微笑。这样，你将更容易说出任何你必须说的事情。

当然，这种直接的注视，不应是死死地盯着，你更不能去玩那种居高临下俯视别人的把戏。你不能老是盯着与你交谈的人，而要不时地移开一下视线，不然，将会使对方感到很不自在。不过，在转移视线时，不应去看地板，因为这很容易被人视为缺乏安全感和稳定性。也应避免目光游移不定，因为如果你东张西望，不让目光在谈话对象身上停留一定的时间，无异于向对方表示你的注意力已转移到别处了。

身体行动会显示自己的精神状态。如果看到一个低垂着双肩、弓着背走路的人，就可以断定这个人肩负着无法承担的重任。当某些事情摧毁了一个人的精神，也不可避免地会压垮他的身体，于是，他便变得弓腰驼背了。悲观消极的人，总是低着头，眼睛朝上走路。而具有信心的人，走起路来总是昂首阔步，眼睛望着他想达到的目标。

还有的人运用精心谋划的威慑技巧去威慑他人，比如有的大亨把他办公室的家具摆放得让人只能坐在一个较低的位子上，尴尬地仰着头看他，从而造成一种威慑的阵势。有的大亨把办公桌放在窗前，迫使来访者面对阳光或其他强光源。

有位心理学家说："当你在别人的地盘时千万小心行事，否则，你将在众目睽睽之下丢人现眼。"这里没有提到，要是在你自己的地盘又怎么样呢？这才是你遇到的问题，这时你应当利用地利的优势。一旦别人涉足了你从事的领域，你是这方面的专家，而他不是。但是，无论你从事什么工作，你都必须记住：对于你的工作，你远比来找你的人懂得多。所以，你应当充满自信，有把握地主动出击。

注意社交的眼神

"眼是心灵之窗"，眼的奥秘在于它会毫无保留地反映出人的喜、怒、哀、乐，反映人的思维活动。

所以说，从一个人的眼睛中，通常能看到他的整个内心世界。

我们常常说某位可爱的女孩子的眼睛会说话，这就是她的眼睛富于表情。实际上，内心充实情感丰富的人的眼睛都是十分动人的。

一个良好的个人形象，目光是坦然、亲切、和蔼、有神的。特别是在与人交谈时，目光应该注视对方，不应该躲闪或者游移不定。在整个谈话过程中，目光要注意对方，专心、温和、充满热情。

人际交往中诸如疲倦、冰冷、呆滞、漠然、轻蔑、惊慌、敌视、左顾右盼的目光都是应该避免的，更不要对人上下打量，挤眉弄眼。

还有一种眼神叫"凝视"。

各种凝视都有不同的作用。在洽谈、磋商、谈判等场合，凝视对方给人一种严肃、认真的感觉。注视的位置在对方双眼或双眼与额头之间的区域。各种社交场合使用的注视方式也是一种凝视，注视的位置在对方唇心到双眼之间的三角区域。亲密凝视是亲人之间，恋人之间、家庭成员之间使用的注视方式。凝视的位置在对方双眼到胸之间。

有一位女记者在对男性做采访时，常有这种体验：对注视她的男性要比不注视她的男性更有好感。而且经过在面试时候的测验，也表明如何选择候选人也与是否注视着主考人有着很大的关系。注视，或是看一个人，在心理学中被称为"视线接触"。这种视线接触越频繁，对方也越会产生好感。我们应该学会被对方注视。把自己和对方换一个位置的话就会明白。如果是讨厌的人，也不会想去看他一眼。

相反，如果是自己喜欢的人，就会总去盯着他看。所以注视着你的人，也对你抱有一定的好感。用温柔的、亲切的目光注视对方的话，对方也会产生"他为什么这样看着这里呢"、"有机会的话，和他聊聊看"之类的想法。如果遇到了你喜欢的人，先从注视他开始。

社交中一双真诚而热情的眼睛能够拉近双方的心理距离。眼睛会说人们内心深处的话，它表明了你对人家的好感。充满善意的眼睛不一定是一双美丽的大眼睛，但只要真诚，同样可以赢得人们的好感，让人难忘。

有人说"眼斜心不正"，其实不准确，应该说"眼邪心不正"。心术不正的人不光是喜欢斜视，而是"邪"视，就是眼神中透出邪恶的光。

孟子说过，看人胸中正与不正，要看他的"眸子"，正直的人眼光是光明坦然的，不正的人眼光是怯懦而灰暗的。曾国藩也说过：一个人目光闪烁不定，这个人定非善类。这些说法都是有一定道理的。

我们如果遇到一个人，眼睛急速地躲开你的目光而闪烁不定。你心里就会很不舒服。我们相信自己的人品，但从仪态上也不要染上这些坏毛病。

眼神不能滥用。自然眼神是语言表达的得力助手。眼睛是一种无声的语言，能表达比言语更深切、更微妙的含义。许多动物不会说话，却会瞪眼，其目的是向对手发出威胁的信号。蝴蝶经过长期进化，翅膀上的斑纹越来越醒目，这种斑纹会使其他动物误认为是猛兽的怒目，从而不敢轻举妄动。

眼神可以显示出人的喜悦或冷漠，每一种眼神都有特定的含义：明亮的眼神表示心情愉快；平静的目光表示温和善良；灵秀的目光表示聪明智慧等等。可见，在交际活动中注意眼神是非常重要的。

我们的眼神应该智慧、诚恳、明亮、平静、友好、坦然、专注、坚定。切忌挑逗、仇恨、轻佻、卑琐、轻蔑、奸诈、愤怒、凶狠、阴沉、游离、茫然的眼神。

眼神是一种在社交中通过视线接触来传递信息的表情语言。人们历来重视眼睛对行为所产生的巨大影响。思想感情的存在和变化都能从眼睛显示出来。从理论上讲，眼神主要由以下两方面组成。

一、视线长度。在我们与人交谈的过程中，注视对方的时间是谈话时间的一半左右。如果超过这个比例，说明我们对对方本人比对方的话更感兴趣；低于这个比例，说明对二者都无所谓。交谈时的其他眼神表现，总的讲要灵活自然。对一般的谈话对象，不要长时间凝视，否则就会让对方有被侵犯的感觉。

二、视线方向。谈话时，我们注视对方的部位可以显示我们与对方关系的亲疏。在生意、谈判、商务等场合，要用眼睛看着对方脸上的三角部位。这个三角就是双眼和前额的中心位置。如果你看着对方的这个部位，就会显得严肃认真，别人也会感到你有诚意。所以，这是把握住谈话主动权和控制权的重要因素。

行为要礼貌

在外出办事儿时，见面时有其他人在场，主人为你介绍时，你应当如何表示才算合乎礼节呢？一般说来，介绍时彼此微微点头，互道一声：

某某先生（或小姐）您好！或称呼之后再加一句"久仰"便可以了。介绍时坐着的应该站起来，互相握手。但如果相隔太远不方便握手，互相点头示意即可。随身带有名片的此时也可交换，交换时应双手奉上，并顺便说一声"请多多指教"之类的客套话。接名片时也应用双手，并礼貌地说一声"不敢当"等，自己若带着也应随后立刻递交对方。如果你是介绍人，介绍时务必清楚明确，不要含糊其词。比如，介绍李先生时最好能补上一句"木子李"或介绍张先生时补一句"弓长张"等等，这样使对方听起来更明确，不容易发生误会。如果被介绍的一方或双方有一定的职务时，最好能连同单位、职务一起简单介绍。像"这位是某某公司的业务经理某某同志"，这样可使对方加深印象，也可以使被介绍者感到满意。

外出、旅游或者初到一个陌生的地方，可能会有地址不清或对当地的风俗习惯不了解，这就需要询问别人。要想使询问得到满意的答复，就要做到这样两点：

一要找对知情人，主要是指找当地熟悉情况的人。比如，问路可以找民警、司机、邮递员、老年人等。二是要注意询问的礼节，要针对不同的被询问者和所问问题区别对待。比如，询问老年人的年龄时可适当地说得年轻一些，而询问孩子的年龄时则应当大一些；询问文化程度时最好用"你是哪里毕业的？""你是什么时候毕业的？"等较模糊地问句等。注意询问时不要用命令性的语气，当对方不愿回答时就不要追根问底，以免引起对方不快。

请求别人的帮助时，应当语气恳切。向别人提出请求，虽无须低声下气，但也决不能以居高临下态度傲视。无论请求别人干什么，都应当

"请"字当头，即使是在自己家里，当你需要家人为你做什么事时，也应当多用"请"字。向别人提出较重大的请求时，还应当把握恰当的时机。比如，对方正在聚精会神地思考问题或操作实验，对方正遇到麻烦或心情比较沉重时，最好不要去打扰他。如果，你的请求一旦遭到别人的拒绝，也应当表示理解，而不能强人所难，更不能给人脸色看，不能让人觉得自己无礼。

如何赢得信誉

《敏拉波尼》杂志的出版人琼斯曾用一种很好的技巧，树立起了他的声誉，结果由一个普通的职员升为一家报馆的主人。

原来，琼斯在开始他的建树计划时，首先向一家银行借了 50 元他并不急需要用的钱。他说："我之所以借钱，是为了树立我的声誉。其实我根本就没有动过这笔借款，当借期一到，我便立即将这 50 元钱还给了银行。几次以后，我便得到了这家银行的信任，借给我的数目也渐渐大了起来。最后一次借款的数值是 2000 美元。这次我用它去发展我的业务。"

琼斯还说："后来，我计划出版一份商业方面的报纸，但办报需要一定的经济基础，我估计了一下，起码需要 1.5 万美元，而我手头上总共才不过 5000 美元。于是，我再次到那家银行，也再次去找每次借我钱的那个职员，当我将计划原原本本地告诉他以后，他愿意借给我 1 万美元。不过，他要我与银行的经理洽谈一下。最后，这位经理同意如数借给我 1 万美元，还说：'我虽然对琼斯先生不太熟悉，不过我注意到多少年以来琼斯先生一直向我们借款，并且每次都按时还清。'"琼斯是使用心计获得别人信赖的。

获得众人的信任，铸就自己的信誉，不论你采取何种方法，但笃诚、守信及勤劳是最根本的要诀。

如果说实现对自己许下的诺言是负责任的表现的话，那么同样地，别人遵守诺言也是诚实、负责的表现。

承诺的力量是强大的。遵守并实现你的承诺会使你在困难的时候得到真正的帮助，会使你在孤独的时候得到友情的温暖，因为你信守诺言，你的诚实可靠的形象推销了你自己，你便会在生意上、婚姻上、家庭上获得成功。

这并不是空话，有许多事实可以证明这一点，国外国内知名度很高的企业无不把信誉推到第一位，受人尊敬的人无不是守信用的楷模。

相反地，有些人随随便便地向别人开"空头支票"，临到头来又不兑现，相信他们无论在哪一方面都不会成功的。

那么如何才能做到信守诺言呢？

首先，你在许诺的时候是否想过："我真的能履行诺言吗？"这句话。

如果你有自知之明的话，如果你对自己的能力有正确的估价的话，你就很容易回答这个问题了。

可惜的是有些人并不了解自己。他们认为自己能够做到，但实际处理事务时，感到力不从心，最后不得不放弃了原来的承诺，结果如何不言自明。

在感到自己做不到时，你最好不要轻率地向别人许诺，这样会有许多好处：别人只能表示遗憾，并不会认为你说话不算数，因而不会产生对你的不信任感；在很多情况下，事情和形势已经变化了，你做不到但并没有许诺，事后你也不会受窘。

其次，在你已经许诺了以后，你就应该认真地对待，努力地去实现它。

一个小小的承诺，比如"我今晚 9 点钟回家"。在你完全可以做到的情况下决不要掉以轻心，你已许诺 9 点钟回家，这时你的同事邀你出去玩，时间可能要拖到 10 点，你该怎样做呢？你应该婉言谢绝朋友的好意相邀，按时回家。

虽然这是一件小事儿，但它足以让你诚实的形象光芒闪烁。

最后，如果你做不到你曾许诺过的事儿就应该及时地通知对方，你的充足的理由和真诚的歉意会使别人原谅你的，同时也可避免不必要的损失。

失信于人，说话不算数，许诺不兑现，意味着你丢失了人之为人的起码品质，意味着在别人眼中你失掉了为人的信誉。这个损失多么惨重，你当然会掂量得清清楚楚。

除轻诺寡信之外，好要小聪明、玩弄手腕者也大多失信于人。这样的人也许可以一时欺骗蒙哄某些年幼无经验者，可以得益于一时，赚到一笔，捞到一把。可是第二次或第三次，一旦被识破，别人就不会再相信你了。你必将得不偿失。从根本上看，从总体价值上看，你骗到的是一粒芝麻，丢失的是一个大西瓜。

《庄子·齐物论》载，有个养猴子的人对猴子说："我早上给你们三个橡子，晚上给四个。"猴子听了都生气。养猴人转动小脑瓜，马上再对猴子们耍出一个小聪明来："好了，别生气了。我早上给你们四个橡子，晚上给三个。"猴子就高兴起来了。

这些猴子的高兴大概只是暂时受蒙蔽所致。天长日久，聪明的猴子自然会悟出养猴人的狡诈和卑鄙。从此不再相信他，而且仇恨他。那时候，养猴人可就要自认倒霉了。

朝三暮四式的狡诈，必然最终失信于人。

失信于人，不仅显示其人格卑贱，品行不端，而且是一种顾眼前不顾将来，顾短暂不顾长远的愚蠢行为，终将一事无成。

失信于人，大丈夫不为，智者不为。

你无论对任何一件事儿许诺的时候，都必须慎重地掂量，无论对大人对小孩，对妻子对父母，对同事对朋友，对上司对下属，对名人对凡人，对老师对同学，对什么人都是这样。也无论大的许诺、小的许诺，眼前的许诺、将来的许诺，无论什么样的许诺都是这样。无论你的许诺在什么时候做出的也都是这样。你的许诺价值千金。

处世为人之道，大概没有什么比诚笃守信、取信于人更为重要的了。你的言行举止，时刻不可丢弃了这个根本。与人交往时，只要有这个根本存在，只要别人还信任你，其他方面的缺陷或许还有弥补的机会。若失去了这个根本，别人不相信你了，别人不愿再与你共事，不愿再与你打交道，那么，你只能去孤军奋战。如今社会，孤军奋战者，没有几个不失败的。

守信誉，是一种可敬可佩的美德。人们以讲究信用来表达对别人的尊敬。

信誉实际上就是你办事儿的本钱，信誉实际上就是你一种良好的处世形象。

记住对方的名字

如果留意的话不难发现，在交际活动中，绝大多数人是十分看重自己名字的，他们往往把名字与友谊联系在一起。比如，多年不见的同学、同乡相会时，如果对方仍记着你的尊姓大名，你心里必定非常高兴，彼此间的友谊感情也会因此而亲近几分。相反，如果对方把你的名字忘得一干二净，或出现"张冠李戴"的情形，你心里势必感到没劲，在心理上就可能与之拉开距离。

姓名本来只是一个语言符号，人们所以看重它，是因为它包含有特殊的意义。姓名与本人的尊严、地位、荣誉、心理，及其彼此间的感情友谊紧密联系在一起。甚至可以说，名字就是你，你就是那个名字。这一点在交际中表现得尤为明显。当人们的名字被遗忘、被搞混，不管有意无意都可能带来不良的影响，轻者叫人家心理上反感，拉开彼此距离，重者会影响彼此感情，损害人际关系。

因此，为了友谊，为了交际成功，我们应记住他人的姓名职务，见面时能道出其名其职。这样做，一方面出于礼节礼貌，表示尊重；另一方面又是珍视友谊的表现。从一定意义上说，记姓名是一种廉价然而有效的感情投资。记住他人的姓名就等于把一份友谊深藏在心里，记忆时间越久，情谊就越深，如同一瓶陈年好酒，越放就越醇。在交际中记住对方的姓名，对方必定从中体验到你的深情厚谊，感受到他在你心目中的位置，进而增加亲切感、认同感，加深彼此的感情。在这方面，周恩来同志有卓越的表现，凡是同他打过交道的人，不管是领导人还是普通群众，他都能叫得出名字。当他把几十年以前见过面的人认出来，直呼其名的时候，对方的心里热乎乎的，一种崇敬感油然而生。

1. 要用心记他人的名字

有的人博闻强记，过目不忘，见一次就可以记住。这自然是最好。但是，大多数人没有这样的能力。所以，用心记名字就成了必要。我们应善于交际，看重友谊。一般情况下，珍视友谊的人在记名字上就会表现出特别强的注意力。据考察，在一般记忆力基础上，注意力越集中，重视程度越高，就会记得越牢。甚至记忆力较差的人由于重视友谊，对于同他打过交道的人的姓名会特别用心去记，同样能记得十分清晰，多年不忘。

2. 忘了名字要想法补救

如果在路上遇到朋友，突然忘了人家的名字，那就应想办法搞清楚，记在心里。有一次，在街上有个干部与一位多年不见的战友见面了，一时竟想不起他的姓名。分手时，这个干部主动拿出纸来把自己的名字、电话、通信地址写下来，然后把笔交给他，说："来，让我们相互留下自己的名片，今后多多联系。"对方也记下了他的名字、住址、电话。此后，对方名字就镌刻在他的头脑中，再不曾忘记。

学会倾听

成功的交际不仅需要我们会说，而且需要我们会听。有时候，会听甚至比会说更重要。这里所说"会听"，不单是指纯"耳力"，而且指多种功能并用的综合能力。耳朵不过是一个信息接收器，在听的同时还要用脑子对信息进行鉴别、分析、推断、联想等加工，并能抓住本意，才称得上是会听。简言之，会听是积极能动地接收和处理信息的能力。会听在交际中的重要性是显而易见的。

1. 会听是一种重要的交际品格

专注倾听体现的是对交际对象的尊重。全神贯注地听表明你对对方意见的关心、重视。一般人都希望自己说出的话受到他人重视，对此他们感到高兴和鼓舞。如果人家说话你心不在焉，东张西望，对方会感到失望、不满，甚至导致交际失败。

2. 会听是"会说"的前提

听的任务是收集信息，为说提供目标和依据。通常人们说话速度较快，而且转瞬即逝，如果不会听，就会把很多信息漏掉了。有时人们说话并不直露，甚至有意委婉曲折、语意深藏、正话反说，甚至还可能设置语言陷阱。如果不会听，就可能出问题，掉进陷阱之中。出现本来应该强烈反击，你却毫无反应；本应这样回答，你却答非所问，甚至曲解人意，闹出笑话。有些人在交际场合应对的失误，就是由于不会听造成的。而一个善听的人却常常可以在交际中出其不意地制服对手。

美国总统林肯曾当过律师，一次在法庭上他出庭为被告辩护。原告方面的证人福尔逊出庭作证，一口咬定被告小阿姆斯特朗用枪击毙了某某，并发誓说是在 10 月 18 日的月光下亲眼看见的。福尔逊的证词、时间、地点、情节说得一清二楚，似乎无懈可击，已成定案。谁知被告的辩护律师林肯却听出了破绽,他肯定地指出:"这个证人是一个彻头彻尾的骗子!"他说:"10 月 18 日那天十一点,月亮已经下山了,哪里会有月光?"顿时,证人福尔逊傻了眼。

此例再次雄辩地证明,会听是多么重要!"会说的不如会听的"这句话实在是金玉良言。

善于交际是成功的资本

每个人都离不开交际，交际靠的是能力。有些人不善交际，所以处处感到别扭，仿佛到处都有路障；有些人则善于观察，善于发现，所以并不感到做人之难。前后两种不同的效果，取决于你的眼力。

第 1 节　做人办事与上司交际

看清上司的意图

在人际交往中，要想赢得上司的好感，就必须时刻留意对方的兴趣、爱好，明白上司的意图，理解上司的心思，这样才能投其所好，"对症下药"。然而，上司的意图往往捉摸不定，善逢迎者必须下功夫掌握上司的心意，揣摩上司的心理，然后尽量迎合他，满足他的欲望，甚至还能抢先一步，将上司想说而未说的话先说了，想办而未办的事先办了，把个上司乐得美滋滋的。自然，上司的回报也总是沉甸甸的。

在日常生活中，待人接物也应做到知己知彼，"见什么人说什么话"，对不同的人运用不同的交往之道，随机应变，才能事事顺遂。比如，在和领导相处时，就要根据领导的性格特点和其好恶，对自己的为人处世方式做一些必要的修正，以便迅速赢得领导的好感，建立起一定的感情。在此基础上，领导才会有兴趣深入了解和考查你的才干，并使你"英雄有用武之地"。

冯某为人热情大方，很善于与各种各样的人打交道，在调到一个新单位后，他首先想到的是如何赢得领导的好感和赏识。在做了一番调查后，他得知领导为人保守就毅然舍弃了长发、牛仔等时髦装束，而以循规蹈矩的形象出现在领导面前。

在初步赢得领导的好感后，冯某就想发挥自己热情、乐于助人、慷慨大方的优点，主动与领导交往，建立友谊。不料，领导为人孤僻多疑，喜欢独处，对冯某的热情颇不习惯。冯某碰了几次壁后，就决心改变策略，去顺应领导的性格特点，不再经常围着领导转。

后来，冯某发现领导有一个最大的爱好——打乒乓球，于是他就苦练了一段时间的球艺，然后频频在领导常去的一家俱乐部露面，并每次都是和领导在一起对阵、切磋球艺。此举果然奏效，在球来球往中领导渐渐放松了心理防卫，与冯某成为朋友。

经过一番交往，领导水到渠成地了解了冯某身上的优点和才干，在工作中对他予以重用。冯某投其所好，出色地把自己推销给领导，从而赢得了事业上的成功。

由此可见，投其所好，曲意逢迎不仅是一种做官的手段，更是一门高超的处世艺术。

当然，我们并不主张人们整天去揣摩领导、上司的意图，围着上司转，处处溜须拍马。但只要你仔细观察，便不难发现，现实生活中，上司说你行，你就行，不行也行的现象太多，人们必须学会："知上，识下"，尽量不要"哪壶不开提哪壶"，才能避免"说不行，就不行，行也不行"的难堪境况。

做领导的心腹

在工作单位里，领导的好恶有时会决定一个人的命运，和领导搞不好关系，就失去了许多机会。只要成为领导信得过的自己人，得到器重，关系顺畅自然是水到渠成了。

1. 成为领导的"自己人"

上级对下级最看重的一条就是是否对自己忠心耿耿，忠诚对领导来说更为重要，比如一些单位的司机都是领导的"自己人"，如果不是自己人，一些在车上的谈话，办的一些私事被说出去，会造成影响。因此，要成为领导的自己人，就要经常用行动或语言来表示你信赖、敬重他，领导在工作中出现失误，千万不要持幸灾乐祸或冷眼旁观的态度，这会令他极为寒心。能担责任就担责任，不能担责任可帮他分析原因，为其开脱。此外，还要帮他总结教训，多加劝慰。

持指责、嘲讽的态度更易把关系搞僵，矛盾激化。那样，你就再不要指望领导喜欢和器重你了。

如何做一个使领导喜欢的人呢？

第一要忠于上司，向上司请教，才意味着"孺子可教"，而不能在上司面前吹牛皮，与上司计较个人的利益得失。

第二要在关键时刻为上司挺身而出，把功劳让给上司，而不可张扬你对上司的善事。

第三与上司交谈时，不可锋芒毕露，不要在背后议论上司的长短。

2. 做精明强干的人

领导是一个单位的头，单位工作的好坏直接关系到领导的政绩。因此，工作能力强弱是对下级的一个评判标准。

上级一般都很赏识聪明、机灵、有头脑、有创造性的下属，这样的人往往能出色地完成任务。有能力做好本职工作是使领导满意的前提，一旦被人认为是无能无识之辈，既愚蠢又懒惰，便很危险了。

但我们完成工作之后，要学会把功劳让给领导。

中国人在讲自己的成绩时，往往会先说一段套话：成绩的取得，是领导和同志们帮助的结果。这种套话虽然乏味得很，却有很大的妙用：显得你谦虚谨慎，从而减少他人的忌恨。

好的东西，每一个人都喜欢，越是好吃的东西，越是舍不得给别人，这是人之常情。要是你有远大的抱负，就不要斤斤计较成绩的获得你究竟占有多少份，而应大大方方地把功劳让给你身边的人，特别是让给你的上级。这样，做了一件事，你感到喜悦，上级脸上也光彩，以后，少不了再给你更多的建功立业的机会。否则，如果只会打眼前的算盘，急功近利，则会得罪身边的人，将来一定会吃亏。

3. 要学会表现自己

常言道，疾风知劲草，烈火炼真金。在关键时刻，领导会真切地认识与了解下属。人生难得机遇，不要错过表现自己的极好机会。当某项工作陷入困境之时，你若能大显身手，定会让领导格外器重你。当领导本人在思想、感情或生活上出现矛盾时，你若能妙语劝慰，也会令其格外感激。此时，切忌变成一块木头，呆头呆脑，冷漠无情，畏首畏尾，胆怯懦弱。这样，领导便会认为你是一个无知无识、无情无能的平庸之辈。

但需要注意的是让功一事不能在外面或同事中张扬，否则不如不让功的好。对于让功的事儿，让功者本人是不适合宣传的，自我宣传总有些邀功请赏、不尊重上司的味道，千万使不得，宣传你让功的事儿，只能由别人来宣传。虽然这样做有点埋没了你的才华，但你的同事和上司总会一有机会设法还给你这笔人情债，给你一份奖励的。因此，做善事就要做到底，不要让人觉得你让功是虚伪的。

4.要学会交谈

赞扬不等于奉承，欣赏不等于谄媚。赞扬与欣赏领导的某个特点，意味着肯定这个特点。只要是优点、是长处，对集体有利，你可毫无顾忌地表示你的赞美之情。领导也需要从别人的评价中，了解自己的成就以及在别人心目中的地位，当受到称赞时，他的自尊心会得到满足，并对称赞者产生好感。你的聪明才智需要得到赏识，但在他面前故意显示自己，则不免有做作之嫌。领导会因此认为你是一个自大狂，恃才傲慢，盛气凌人，而在心理上觉得难以相处，彼此间缺乏一种默契。

5.要与领导保持一定距离

一般领导不愿跟下属关系过于密切，主要是顾忌别人的议论和看法，再就是他在你心目中的威信。

同时，任何领导在工作中都要讲究方法，讲究艺术，讲究一些措施和手段，如果你把一切都知道得一清二楚，这些方法、措施和手段，就可能会失败。

和领导保持一定的距离，需要注意哪些问题呢？

第一，保持工作上的沟通，信息上的沟通，一定感情上的沟通。但要千万注意不要窥视领导的家庭秘密、个人隐私。你应去了解上级在工作中的性格、作风和习惯，但对他个人生活中的某些习惯和特色则不必过多了解。

第二，和领导保持一定的距离，还应注意，了解领导的主要意图和主张，但不要事无巨细，了解他每一个行动步骤和方法措施的意图是什么。这样做会使他感到，你的眼睛太亮了，什么事都瞒不过你。这样他工作起来就会觉得很不方便。

他是上级，你是下级，他当然有许多事情要向你保密。有一部分事情你只应是知其然而不知其所以然。所以，千万不要成为你的领导的"显微镜"和"跟屁虫"。

第三，和领导保持一定的距离，还有一点需要注意的，就是要注意时间、场合、地点。有时在私下可谈得多一些，但在公开场合、在工作关系中，就应有所避讳，有所收敛。

第四，和领导保持一定的距离，还有一个很重要的方面，就是：接受他对你的所有批评，可是也应有自己的独立见解；倾听他的所有意见，可是发表自己的意见就要有所选择。也就是说，不要人云亦云。

从容应对上司的指责

当我们受到上司批评时，最需要表现诚恳的态度，从批评中确实受到了教育，得到启发，改进了工作方法。最令上司恼火的，就是他的话被你当成了"耳边风"。如果你对批评置若罔闻，依然我行我素，这种效果也许比当面顶撞更糟。因为，你的眼里没有领导，太瞧不起他。

批评有批评的道理，错误的批评也有其可接受的出发点。切实地说，受批评才能了解上司，接受批评才能体现对上司的尊重。比如说错误的批评吧，你处理得好，反而会变成有利因素。如果你不服气，发牢骚，那么，你这种做法产生的负效应，足以使你和领导之间的感情距离拉大，关系恶化。当领导认为你"批评不起"、"批评不得"时，也就产生了相伴随的印象——认为你"用不起"、"提拔不得"。

当然，公开场合受到不公正的批评、错误的指责，心理上是难以接受的，思想上也会造成波动。妥善的方法是，你可以一方面私下耐心做些解释；另一方面，用行动证明自己。如果是当面顶撞，则是最不明智的做法。既然是公开场合，你觉得下不了台，反过来也会使领导下不了台。其实，你能坦然大度地接受其批评，他会在潜意识中产生歉疚之情，或感激之情。也会琢磨，这次批评到底是对还是错？

依靠公开场合耍威风来显示自己的权威，换取别人的顺从，这样不聪明的领导是不多的。其实，你真遇到这种领导，更需要大度能容，只要有两次这种情况发生，跌面子的就不再是你，而是他本人了。

同领导发生争论，要看是什么问题。比如你对自己的见解确认有把握时，对某个方案有不同意见时，与你掌握的情况有较大出入时，对某人某事看法有较大差异时，等等。请记住：当领导批评你时，并不是要和你探讨什么，所以此刻决不宜发生争执。

受到上级批评时，反复纠缠、争辩，非得弄个一清二楚才罢休，这是很没有必要的。确有冤情，确有误解怎么办？可找一两次机会表白一下，点到为止。即使领导没有为你"平反昭雪"也完全没必要纠缠不休。

在晋升的过程中，有人充满信心，有人谨小慎微。但不管怎样，突然受到来自上级的批评或训斥，都会造成很大的影响。而要处理得好，首先要明白上司为什么要批评你。

我们可以这样认为：领导批评或训斥部下，有时是发现了问题，必须纠正；有时是出于一种调整关系的需要，告诉受批评者不要太自以为是，或把事情看得太简单；有时是为了显示自己的威信和尊严，与部下有意保持一定的距离；有时是"杀一儆百"、"杀鸡给猴看"。不该受批评的人受批评，其实还有一层"代人受过"的意思……明白了上司是为什么批评，你便会把握情况，从容应付。

挨批评虽然在情感上、自尊心上受一定影响。但如果你不情绪低落，而用一种反思维的态度对待自己，即与古人说的"有则改之，无则加勉"，过于追求弄清是非曲直，只会使人们感到你心胸狭窄，经不起任何的考验。

与好卖弄的上司巧妙相处

有些人喜欢强迫推销自己的意见，见面一开口就说"喂！你的想法错了，还是照我的意思做吧！"他们忽略了接受意见的对方可能也有很好的构想，如此强迫要求对方，令人有强烈的压迫感。一个具有成熟思想的人，虽然也会愿意接受别人的意见作为自己的参考，可是一旦对方以强迫方式要求，就会令人觉得受到侵犯，当然会因此感到不快。不过，反过来说，一个没有好构想，也没有判断能力的人，遇到对方强迫性的要求时，反而会把对方当做亲切而体贴的人。

总之，我们常可见到居管理职位的人有这种强迫推销自己意见的倾向，这种毛病除了是推销者方面的问题外，接受意见的人也有问题存在。

表面上看来，强迫推销自己意见的人，基于自己是上司或长辈的心理，而热心恳切地帮助别人，但事实上是他没有把对方当作一个成熟的人看待。换句话说，他们根本不信任对方，也不愿完全信任对方。不管这些人有意或无意，其行为都忽视了对方的人格。

那么为什么他们觉察不到自己是在强迫别人，反而自认为是亲切地指导对方呢？这是因为他们并不认为这是强迫的，他们认为自己的意见的确可以让对方省精力，才会强迫对方照自己意见行事。

由此可知，是不是强迫推销全是自己的问题，所以当部下找他们商量时，这些人绝不会告诉对方："你对这件事有什么意见，说出来听听！"，而会针对部下的提议立刻提出结论。如此一来，部下便成了上司的傀儡，心理不再成长，当然能力也只及于自己工作的范围。

有的上司常会抱怨："哎呀！我的部下一点都不能独立！"。其实主要原因在他，因为他过度干涉部下，造成主管和部下之间的依赖关系，因此部下混淆了强迫行为与真正的亲切之差别而不能成长。

争取上司的信任

要想争取上司的信任，当然不是一朝一夕之功，有人认为"比其他人做更多的工作，超时工作"是最重要的，这只能是老观念而已。新一代的老板则认为：工作并不算繁重，却要赶时才可完成，这是低智商行为。

要想使上司对你另眼相看，最实际的是在工作尽责外，还要学懂每一个程度地进行。注意你上司如何做他人的工作，怎样与高层行政人员沟通，其他部门又担任什么角色。当你成为这个行业的专家时，老板当然会对你青眼有加。

如果你能帮助上司发挥其专业水准，对你必然有好处。例如，上司经常找不到需用的文件，你尽快替他将所有档案有系统地整理好。要是他对某客户处理不当，你可以得体地代他把关系缓和。如果他最讨厌做每月一次的市场报告，你不妨代劳。这样，上司觉得你是好帮手后，你自己也可以多储一些工作本钱。

要想自己名利双收，不可只满足于做好自己分内事，还应在其他方面争取经验，提升自己的工作"价值"，即使是困难重重的任务，也要勇于尝试。分析一下哪些问题才应劳烦老板注意，如果真有难题，请先想想有什么建议，而不应投诉无法改变的条例。

与上司保持良好的沟通。这种技巧十分微妙，给上司简洁、有力地报告，切莫让浅显和琐碎的问题烦扰他，但重要的事必须请示他。

耐心寻找上司的工作特点，以他喜欢的方式完成工作，不要逞强，更不要急于表现自己。

随时随地，抓紧机会表示对他忠心耿耿，以你的态度说明一个事实：我是你的好朋友，我会尽己所能为你服务。"言必信，行必果"，说出的话要算数。不要以为上司很愚笨。如果你真的努力这样做，他会看在眼里，一定会很明白你的意思，对你日渐产生好感。

听到对公司有什么不利谣言或传闻，不妨悄悄地转告上司，以提醒他注意。

不过，你的措辞与表达方式须特别注意，说话简明、直接为最佳方式，以免发生误会。

适应不同上司的工作形式，也是白领人士必须懂得的技巧。如何去适应？一点也不困难，只要本着诚意去与对方接触，摒弃一切主观看法或者其他同事的不正确意见即可。

上司向你下达任务后，先了解对方的真意，再衡量做法，以免因误会而种下恶根或招来不必要的麻烦。

谁都知道与上司建立良好的工作关系，对自己的工作有百利而无一害。

自己做错了事，不要找借口和推卸责任。解释并不能改变事实，承担了责任，努力工作以保证不再发生同样的事，才是上策，同时得虚心接受批评。

要使上司信任你和准时完成工作。做任何事一定都要检查两次，确认没有错漏才交到上司面前。谨记工作时限，若不能准时做好，应预先通知上司，当然最好不必这样做。必须圆满地把工作完成，不要等上司告诉你应该怎样去做。

上司愿意选择你为他的下属，他对你的印象自然很好，你必须丢开对上司的偏见，事事替他着想，把他的事，当成自己的事。

很多下属对自己的上司，都会有以下的评论：他的命运比我好，但办事能力却远不及我，却表现出不可一世的样子，只懂得一味批评下属的工作做得不好，一旦问题真正出现之际，他却推卸责任。

获取领导的器重

对于上班族来说，能否得到领导的器重是一件十分重要的事情，因为领导掌握着下属的"生杀"大权，有时甚至会决定一个人一生的命运。在一个单位中如果得不到领导的器重，就会平白丧失许多机遇，这是每一个上班族都不愿意发生的事情。当然，想得到领导的器重，也不是轻而易举的事情，这需要下属平时在工作中努力做好以下几个方面的事情。

1. 勇于担当重任

作为领导，他关心的是怎样才能创出政绩。诚然，政绩的取得离不开下属的配合。一个单位的工作涉及方方面面，单靠领导一个人是根本无法做好的。这时候，领导会把一些工作分配给下属去做。一般情况下，谁都想少出点力，多捞点好处。但是，对于领导来说，单位中一些吃苦受累的重活必须有人替他分担，在别人推脱的时候，如果你站出来替领导把重担挑起来，领导必定会对你刮目相看。因为大多数领导都不喜欢那些在工作上和他讨价还价的下属，他只欣赏那些能为他着想，为他分担重任的下属。

2. 干好本职工作

工作做得好坏是领导对下属的一个评判标准，在一个单位中，每个岗位的工作都与本单位的整体利益有直接关系。如果有一个岗位的工作没有做好，它必然影响到整体利益。

干好本职工作是下属受到领导器重的前提。对于一个连本职工作都干不好的人，有哪个领导会喜欢呢？

一般情况下，领导都很赏识聪明、机灵、有头脑、有创造性的下属，这样的人往往能出色地完成任务。

所以说，要想得到领导的器重，你必须把本职工作干好。

3. 学会把功劳让给领导

中国人在讲自己的成绩时，往往会先说一段套话：成绩的取得，是领导和同志们帮助的结果。这种套话虽然乏味得很，却有很大的妙用：显得你谦虚谨慎，从而减少他人的忌恨。

好的东西，每一个人都喜欢，越是好吃的东西，越是舍不得给别人，这是人之常情。要是你有远大的抱负，就不要斤斤计较成绩的获得你究竟占有多少份，而应大大方方地把功劳让给你身边的人，特别是让给你的上级。这样，做了一件事，你感到喜悦，上级脸也光彩，以后，少不了再给你更多的建功立业的机会。否则，如果只会打眼前的算盘，急功近利，则会得罪身边的人，将来一定会吃亏。

但需要注意的是让功一事不能在外面或在同事中张扬，否则不如不让功的好。对于让功的事儿，让功者本人是不适合宣传的，自我宣传总有些邀功请赏、不尊重上司的味道，千万使不得，宣传你让功的事儿，只能由被让者来宣传。虽然这样做有点埋没了你的才华，但你的同事和上司总会一有机会就设法还给你这笔人情债，给你一份奖励的。因此，做善事就要做到底，不要让人觉得你让功是虚伪的。

4. 要学会交谈

作为下属，即使自己才华横溢，也不要在领导面前故意显示自己，不然的话，会让领导认为你是一个自大狂，恃才傲慢，盛气凌人，而使他在心理上觉得你难以相处，彼此间缺乏一种默契。

领导也需要从下属的评价中，了解自己的成就以及在下属心目中的地位，当受到称赞时，他的自尊心会得到满足，并对称赞者产生好感。因此，你在交谈时，对于领导的优点、长处，可以毫无顾忌地表示你的赞美之情。

谈话时尽量寻找自然、活泼的话题，令他充分地发表意见，你适当地作些补充，提一些问题。这样，他便知道你是有知识、有见解的，自然而然地认识了你的能力和价值。

不要用上司不懂的技术性较强的术语与之交谈。这样，他会觉得你是故意难为他；也可能觉得你的会干对他的职务将构成威胁，并产生戒备，从而有意压制你。

5. 与领导保持一定距离

保持一定距离是出于自我保护的需要。一般领导不愿意跟下属关系过于密切，一方面是为了避嫌，另一方面要维护他在你心目中的威信。

任何领导都有不希望被别人了解的秘密，如果你和领导关系过于亲密，对他的事知道得太多，他有可能视你为心腹大患。

和领导保持一定的距离，要注意以下几点：

首先，保持工作上的沟通、信息上的沟通、一定感情上的沟通，但要千万注意不要窥视领导的家庭秘密、个人隐私。你应去了解上级在工作中的性格、作风和习惯，但对他个人生活中的某些习惯和特色则不必过多了解。

和领导保持一定的距离，还应注意，了解领导的主要意图和主张，但不要事无巨细，了解他每一个行动步骤和方法措施的意图是什么。这样做会使他感到，你的眼睛太亮了，什么事都瞒不过你，这样他工作起来就会觉得很不方便。

他是上级，你是下级，他当然有许多事情要向你保密。有一部分事情你只应是知其然而不知其所以然。所以，千万不要成为你的领导的"显微镜"和"跟屁虫"。

和领导保持一定的距离，还要注意时间、场合、地点。有时在私下可谈得多一些，但在公开场合、在工作关系中，就应有所避讳，有所收敛。

和领导保持一定的距离，还有一个很重要的方面，就是：接受他对你的所有批评，可是也应有自己的独立见解；倾听他的所有意见，可是发表自己的意见就要有所选择。也就是说，不要人云亦云。

他人面前称赞上司

当着上司的面直接给予夸赞，虽然也是一种"奉承"上司的方法，却很容易招致周围同事的轻蔑。而且，这种正面式的歌功颂德，所产生的效力反而很小，甚至有反效果的危险。

与其如此，倒不如在公司其他部门，上司不在场时，大力地"吹嘘一番"。这些赞美终有一天还是会传到上司耳中的。同样地，如果你说的是一些批评中伤的话，迟早也都会被泄露出去的；一个精明能干的上司，即使在他管不到的部门内，必定也会安置一二名心腹的。

下班后相邀去喝酒应酬的，不见得全是同一部门的同事，这种情况下，即使是一个不经心的批评，也很容易被扩大渲染而传到上司的情报网。

第2节　做人办事与下属交际

给下属留个人情

讲究情义是人性的一大弱点，中国人尤其如此。"生当陨首，死当结草"、"女为悦己者容，士为知己者死"，无一不是"感情效应"的结果。善交者大都深知其中的奥妙，不失时机地付出廉价的感情投资，对于拉拢和控制部下往往能收到异乎寻常的效果。

有许多身居高位的大人物，会记得只见过一两次面的下属的名字，在电梯上或门口遇见时，点头微笑之余，叫出下属的名字，会令下属受宠若惊。

富有人情味的上司必能获得下属的衷心拥戴。

有人说："世界上没有无缘无故的爱"，掌权者对部下的一切感情投资，都应作如是观。

作为上级，只有和下级搞好关系，赢得下级的拥戴，才能调动起下级的积极性，从而促使他们尽心尽力地工作。俗话说："将心比心"，你想要别人怎样对待自己，那么自己就要先那样对待别人，只有先付出爱和真情，才能收到一呼百应的效果。

作为领导，手中握有一定的实权，位高权大，一般说来，不需要下属的帮忙，当然也不欠下属的人情，但是，领导辖区范围内的事情很多，但并不是每一件事情他都愿意干、愿意出面、愿意插手，这就需要有一些下属去干，去代老板摆平，甚至要出面护驾，替领导分忧解难。

一般地讲，领导有几愿几不愿。

1. 领导愿做大事，而不愿做小事

理论上讲，领导的主要职责是"管"而不是"干"，是过问"大"事而不拘泥于小事。实际工作中，大多数小事由下属来承担。

从心理的角度分析，领导因为手中有"权"、职位较高，面子感和权威感较强，做小事显然在他看来降低自己的"位置"，有损领导形象，比如打扫办公室卫生、打开水、接电话等都是领导不愿意做的。一个刚走上领导岗位的人讲："我最早也是从扫地打开水走过来的，也是从媳妇熬到婆婆的，这回轮着你们扫地打开水了。"

2. 领导愿做"好人"，而不愿做"丑人"

工作中矛盾和冲突都是不可避免的，领导一般都喜欢自己充当"好人"，而不想充当得罪别人或有失面子的"丑人"。

梁凤仪女士在《如何与老板相处》一书中举了个实例，香港有位企业巨头，是出了名的好好先生，那是因为任何人跟他谈任何事，从来都不会得到否定答案。当然他并非是有求必应的黄大仙。碰上他真想合作的对象或他肯出手相帮的情况，就会亲自出面，卖个人情。不然的话，一律由他的下属以各种不同的理由回绝对方的要求，他是不会露面的。

愿当好人，不愿演丑角的心理是一般普遍的领导心理。此时，领导最需要下属挺身而出，甘当马前卒，替自己演好这场"双簧"戏。当然，这是一种比较艰难而且出力不讨好的任务，一般情况下领导也难以启齿对下属交代，只有靠一些心腹揣测老板的意思然后硬着头皮去做。做好了领导心里有数但不会讲什么明确的表扬；如果下属因为心粗或不看眼神把领导弄得很尴尬，领导肯定会在事后发火。

3. 领导愿领赏，不愿受过

闻过则喜的领导固然好，但那样高素质的人寥寥无几。大多数领导是闻功则喜、闻奖则喜，鲜有闻过而喜者。在评功论赏时，领导总是喜欢冲在前面；而犯了错误或有了过失以后，许多领导都有后退的心理。此时，领导急需下属出来保驾护航，敢于代领导受过。

代领导受过除了严重性、原则性的错误外，实际上无可非议。从单位工作整体讲，下属把过失的原因归结到自己身上，有利于维护领导的权威和尊严，把大事化小、小事化了，不影响工作的正常开展。从受过的角度讲，代领导受过实际上锻炼了一个人的义气，并使自己在被"冤枉"过程中提高预防错误的能力。结果，因为你替领导分忧解难，赢得了他的信任和感激，以后领导肯定会报答你，给你"吃吃小灶"。

领导没有让你做这些事，但你主动做了，让领导在无形中欠你个人情，办事时当然水到渠成。但是，这种做法得把握分寸，一旦超越了警戒线，会事与愿违，"偷鸡不成反蚀一把米"。

一般来说，领导和领导之间，领导和下级之间，有些工作上的矛盾是正常现象。如果你在这些矛盾冲突中，只对一方负责，你未免患了"近视眼"，这是典型的"短期行为"。如果你陷于一种矛盾漩涡中不能自拔，不能妥善地、兼顾地去处理各种关系，而是"剃头的挑子一头热"，那么一旦情况发生了变化，你就会失去自己的优势。

为了不陷于派别之争，下属对待上级领导要密疏有度，一视同仁，不搞特殊化。做到这点，要求我们在工作上对待任何领导都一样支持。万不可因人而异，"看人下菜碟"。现实生活中往往有人凭个人感情、好恶、喜怒，对某些上级的工作给予积极协助、大力支持，而对另一些上级则袖手旁观，甚至故意拆台、出难题，这一点是必须克服的。这样做的后果只能是对己不利。若不及时纠正后果将不堪设想。

上司之间常常会出现这样或那样的矛盾和冲突，在这种情况下，当下属的可就犯难了。有时你和这位上司亲密一点，又怕惹恼了另一位上司；你要与另一位上司接触多一点，又怕得罪这一位，总之，这种状况使得下属左右为难。

一般来说，在这种情况下采取中立的态度是可取的，尽量做到左右逢源两边都不得罪。

与下属坦诚交流

现代员工在配合工业技术升级的情况下，已面临着更大的压力。因此，负责身体健康的劳保、公保则难以安全保证员工身"心"的健康，主管者如果要使员工全心投入工作，以提高生产力，唯有主动地认识与解决员工的个人问题，方是有效利用人力资源的策略，也是促使员工加强对公司向心力的秘诀。

近年来，一些竞争力强的美国公司纷纷成立"员工协助"单位，目的在于提供员工心理保险，以待解决员工的个人与家庭问题。

无论你的公司是否有这种管理制度，关心员工的心理健康已成为现代管理趋势中较重要的一环。要做好这种心理辅导的工作，管理者首先应同员工面谈。面谈时要注意下列原则：

时间上选择一个星期中的前几天而不是接近周末的后几天，选择早上而不是下班之前。

选择让员工感觉有隐私的地方，譬如办公室附近的安静咖啡厅，可供散步的花园或公司内的会议室，以使得面谈的过程不受干扰，让员工轻松自在地和盘托出。

使用"我"而不是"你"的关心语言。譬如，"我对于你造成的意外事件感到焦虑不安"，而不是"你这样焦虑不安，以至于引起许多意外事件"；"我对你的不理睬命令感到生气"，而不是"你用不理睬命令的方式激怒我"；"我要与你谈谈"，而不是"你来找我谈谈"。

注意聆听而不做任何建议或判断，此外，要将谈话的内容保密，会谈后不与其他同事讨论细节。

与员工交谈后，如果发现员工还有不良行为的倾向，则要设法转送给公司特约心理辅导专家，或者提供心理治疗的机会，让员工自行选择。不良行为来自各方面：容易生气、悲哀或恐惧，感到孤单、忧郁、情绪不稳，酗酒或吸食药物。亲朋好友的去世，高度的压迫感，无法专心，容易失眠，有自杀的想法，有体重肥胖的烦恼，缺乏自信，害羞，对工作、对自己或对这个世界感到悲观，人际关系不良，缺乏激励自己的欲望，家庭及经济的困扰。

虽然，把有个人问题的员工转给心理专家之后，主管也应该负起追踪到底的责任。也应在第一次面谈之后的两个星期之内，主管与员工必须再度沟通，鼓励员工表明自己的想法、感觉与意见，甚至建议解决问题的办法。

对下属要有张有弛

对于部下和员工，应该如何统御呢？是严还是宽？是刚还是柔？松下的经验是：应该以慈母的手，握着钟馗的剑。也就是说，以怀宽宏，但处理起来则要严厉、果断，绝不能手软。

上司对于下属，应是慈母的手紧握钟馗的剑，平时关怀备至，犯错误时严加惩罚，恩威并施，宽严相济，这样方可成功统御。

慈母的手，慈母的心，是每一个经营者都应具备的。对于自己的部属和员工，要维护和关怀。因为，他们是你的同路人，甚至是你的依靠。而且，也只有如此，才能团结他们，共达目标。

美国威基麦迪公司老板查里·爱伦当选为 1995 年美国最佳老板。

他是靠什么当选的呢？一是他每年都在美国的加勒比海或夏威夷召开年度销售会议；二是他非常关心员工的疾苦，能认真听取公司员工诉说自己的困难和苦恼。一旦员工家中有什么事情，他会给一定的假期，让其处理家事。由于他能与员工同呼吸、共命运，深受员工的爱戴。顾客们到他的公司后，看到公司员工一个个心情愉快，对该公司就产生了信任感，所以公司效益一直很好。

和田努力创造一个积极、愉快、向上的内部环境，主要采用爱顾客首先要爱员工的方法。50 年代末，八百伴拟贷款 2000 万日元为员工盖宿舍楼，银行以员工建房不能创效益为由一口回绝。

但是和田夫妇以爱护员工、员工才能努力为八百伴创利的理由说服银行，终于建起了当时日本第一流的员工宿舍。

那些远离父母过集体生活的单身员工，吃饭爱凑合，和田加津总像慈母一样，每周亲自制定菜谱，为员工做出香喷可口的饭菜。

在婚姻上，也像关心自己的孩子一样关心他们，他先后为 97 名员工作媒，其中有一大半双职工都是八百伴员工。

5 月份第二个周日是"母亲节"，和田加津想：远离父母、生活在员工宿舍的年轻人，夜里一个人钻进被窝时，一定十分怀念、留恋父母。于是，她专门为单身员工的父母准备了鸳鸯筷和装筷匣。当员工家长在"母亲节"收到孩子寄来的礼物后，不仅给他们的孩子，也给公司发信感谢。一些员工边哭边说："父母高兴极了！我知道了孝敬父母，只有让父母高兴，做子女的才最高兴。"

为了加强对员工的教育，除每天班前会之外，每月还定时进行一次实务教育。实务教育中的精神教育包括创业精神、忠孝精神、奉献精神等。和田清楚孝敬父母是与别人和睦相处的基础，把对父母的诚心变成服从上司的领导。正因为能孝敬父母，所以能尊敬上司。所以她总是教育员工要尊重、热爱自己的父母。

对待下属同时还必须严厉，这种严厉基于人类的基本特性而来。松下认为，一部分人不需要别人的监督和责骂，就能自觉地做好工作，严守制度，不出差错。但是大多数的人都是好逸恶劳。喜欢挑轻松的工作，捡便宜的事情，只有别人在后头常常督促，给他压力，才会谨慎做事的。对于这种人，就只能是严加管教，一刻不放松了。

松下认为，经营者在管理上宽严得体是非常重要的。尤其是在原则和制度面前，更应该分毫不让，严厉无比；对于那些违犯了条规的，就应该举起钟馗剑，狠狠砍下，绝不姑息。松下说："上司要建立起威严，才能让部属谨慎做事。当然，平常还应以温和、商讨的方式引导部属自动自发地做事。当部属犯错误的时候，则要立刻给予严厉的纠正，并进一步地积极引导他走向正确的路子，绝不可敷衍了事。所以，一个上司如果对部属纵容过度，工作场所的秩序就无法维持，也培养不出好人才。换言之，要形成让职工敬畏课长、课长敬畏主任、主任敬畏部长、部长敬畏社会大众的舆论。如此人人能严以律己，才能建立完整的工作制度，工作也才能顺利进展。如果太照顾人情世故，反而会造成社会的缺陷。"

"无论用人或训练人才，都要一手如钟馗执剑，另一手却温和如慈母，做到宽严得体，才能得到部属的崇敬。"这是松下的管理经验。

当员工的工作表现逐渐恶化之时，敏感的主管必须寻找发生这个现象的原因，如果不是有关工作的因素造成的，那么很可能是员工的私人问题在打扰他的工作。有些主管对这种现象不是采取"这不是我的责任"

而忽视它，就是义正词严地告诫员工振作起来，否则自己卷铺盖走人。

无论如何，如果主管希望员工关心公司，那么，管理者首先关心员工的问题，包括他的私人问题。因此，上述处理的方式可以说轻而易举，但是无法改善员工的表现。比较合理的方法应该是与员工讨论，设法协助他面对问题，处理问题，进而改善工作成效。

让下属大胆去做

作为领导者，你必须让员工安排自己的计划，不用任何事情都由你过问，让员工拥有自己的头脑，重要的是弄清员工获得什么结果与如何去获取结果的区别。更重要的是，同时应给予员工足够的自由空间，让他们自我决定怎样最好地实现你所要求他们达到的结果。当然你不可能完全将员工"做什么"和"怎么做"分离开来。员工在某种程度上也要参与决定达到什么样的目标，尽管最终承担责任的还是领导者。在决定员工的目标时，你也不可能毫不考虑员工怎样去处理这一问题。但作为领导者，你不要过多干涉员工去做自己的工作，放手让他们去做罢了。只有在一个目标明确，又有充分自由空间去实现目标的环境下，员工才有可能最大限度地发挥自己的才智。如果你规定了他们的工作目标，又为他们划定了许多做事的条条框框，那他们当然就失去了行为的主观能动性。所以培养员工拥有自己的头脑，发挥员工的智慧是大有必要的。

在现实生活中，领导者并非总是处在做出决定的最恰当的地位。当他们做出决定时，必须充分依靠员工提供的信息和建议。所以，更为切实的做法是，尊重员工，让员工做出某些决定，让员工承受一些责任。

当然，作为领导者，尊重员工时，也应划清界限，因为有些决定是无法做出的。比如，只应允许他们做出一些在他们责任范围内的决定，而不能做出那些影响其他部门的决定。他们可以在公司的经费计划内决定如何最大限度地安排自己的工作，如何进行培训等，但他们无权决定公司的某些制度与办公设备应如何处置等问题。

老实说，尊重员工，也是对员工的一种挑战。他们必须对自己的决定负责，而提供建议与做出决定两者是有区别的。有时，你也许只需向员工提供有关资料和信息，然后由他们做出最终的决定，如果你将此视为向员工提供帮助，这是十分正确的。当员工碰到困难时，向他们提出建议和解决办法是可行的，是否会被他们接受又完全取决于他们自己。如果你的建议带有强制性，这一决定似乎就是你做出的了，只不过你巧妙地转移了自己的责任。因此不要鼓励员工遇到事就找你。否则，你将背上过重的提出建议、做出决定的包袱，而成为一种过时的"万能"领导者。当员工带着问题走到你身边时，不能一开口就做出决定，因为有时只有员工才能做出决定，尤其是那些在他们范围之内的决定。

如果你要检验员工是否表里如一，最好是离开一段时间，让他们自行其是。很多人也许都有这种体验，当你离开之后，他会轻松地嘘一口气，并开始真正感到自由，庆幸自己终于可以干自己感兴趣的工作了。

很多人与上司相处时，总会感到紧张不安。他们总想让上司高兴却不知怎样去做。同样，当上司离开时，他们反倒能全身心地投入工作之中，并能从中自娱自乐。没有领导者在场，他们相反能更好地做出决定。

作为领导者，你可以离开员工一段时间，尽量给他们留一些自我发展的空间。这样当你回来时，你会吃惊地发现员工在你不在的时候取得了多么令人满意的成绩。离开员工是检验领导者是否成功的最好方式。如果你已经能够培养员工按照你所构想的方式去做，如果你让他们真正承担起自己的责任，如果你能让他们自行其是，那么，当你离开的时候，所有的一切可以照样圆满地成功完成。

作为领导者，你只需为员工指引方向，而且这一方向不应在三个星期或三个月内就做出改变。即使出现一些问题，你的员工也应该像你一样妥善地处理。当然，如果是一个十分重大的问题，那他们不可能自行其是，必须报告于你。

当你离开时，员工们也许有些不太习惯，或许有些想念你。当你回到他们身边，他们会集中精神向你展示自己所实现的东西。因此你的回归，又变成了他们表现自己及证明你的权威的机会。

让员工拥有自己的头脑，其前提是你必须充分相信和认可他们。你给予他们的自由空间越大，他们做的事情就越成功。当你真诚地信任员工时，如果他们对你安排的某一工作确实无法胜任，他们会主动说出并要求另换一个更合适的人选，这实际上是对你的一种负责，这比勉强答应，但最后将事情弄得一团糟的员工更加诚实而有责任感。

使下属产生责任感

上司将提案交予部下拟稿，下属说："遵命！"但说后却没有着手做，再次催他时，他仍只是回答："我懂了！"既不道歉也不反驳。

上司忍无可忍只好厉声斥责："你到底是怎么回事！"下属仍然保持

缄默。

事实上，以下属的立场而言，上司交代的事情他一定会去做。

"干劲"就是由有必要去积极做某事的意识所产生的，如果下属不认为此工作是重要的，做起来就觉得无意义，何况手边还有许多做不完的事情。

对于这种认为工作没意义、缺乏干劲的下属，上司宜改变角度并扩大范围以改变他对工作的看法，使他了解这件工作的重要性。

以上虽是老生常谈，但是上司若能加进一些比喻，就不会显得唠叨不休，而使下属心服口服，进而产生干劲。

例如对喜欢钓鱼的下属，就以工作如钓鱼来比喻，如此一来，便可引起下属工作的兴趣，从而认真、热心地去做。

以实例作比喻，不但可激起下属工作的干劲，同时也可促使下属产生责任感。

发挥下属的威力

一位优秀的领导者主要的任务之一，是提高下属的干劲，使下属的能力有所发挥。

企业发展缓慢，使企业组织难以壮大，这种情形下，如果想让组织活跃起来，需要每位职员在自己的岗位上，勤奋地工作，能否使下属有这种干劲，是领导者的首要任务。

如何才能叫属下信服，充分运用其能力呢？可以用孙权的一句话概括："贵其所长，忘其所短"。对属下的缺点、短处，不必在意，使他的能力得以在毫无牵耐地情形下尽情发挥。

三国时代，局势混乱，权谋纵横其间，在这方面孙权似乎难望曹、刘之项背，但孙权仍能凭借江南地势，与曹操、刘备抗衡，并且有了相当的发展，这是因为孙权是一位优秀的领袖。孙权成功地挣下一片江山。除了过人的才干之外，巧妙地统率部下，是主要的关键之一。

首先，孙权拥有众多的优秀人才，那是因为他对下属的缺点不去斤斤计较，而让下属层长才，以此手腕难怪能得天下诸多英才而用之。其次，依赖自己所栽培出来的部下，把实权交给他们。正因为孙权培养了众多优秀人才，并善用他们的特长，而与双雄形成鼎足的局面。

出身平民的刘邦，原本只是一介莽夫，能力根本难以与项羽相提并论，所以初期屡遭失败，在项羽强大的兵力压迫下，节节败退，仅能勉强求得片面江山。

然而刘邦却有出奇的韧性，足以使他在逆境中不屈不挠地往上爬，终于转败为胜。在这戏剧性的制胜过程中，除了天时、地利两大关键外，知人善任正是刘邦的成功之处。巧妙地驾驭部下，结合各人的才能，并善加运用，使得刘邦的势力锐不可当。他常说："我有萧何、张良、韩信，三位杰出的人才，并巧妙地支配他们，这就是我获胜的关键。而项羽也有足智多谋的军师范增，但他却不采纳他的意见，终于败亡。"项羽就是那种只依靠自己的才干，而不信赖他人的能力的人，这样的领导者，岂有不败之理。

刘邦虽然在能力上不及项羽，但却能知人善任，有容乃大，终能除去项羽，自领江山。显然，刘邦是一位相当优秀的领导者。

身为领导者，如果只是一味地注意属下的过失，事无巨细都加以责备,很容易造成属下的不满。只有赏罚分明,同时尽量发现属下的优点,并给予奖励。

《菜根谭》也说:"功过不容少混,混则人怀惰堕之心;恩仇不可太明,明则人起携贰之心"。一位英明的领导者,应实实在在地做到这一点。

批评下属有艺术

称赞是鼓励员工的一种好方法,但也不能为了维护员工的自尊和干劲,在他们犯了错误时,也不进行责备。其实,该责的时候仍是要责。怎么才能做到恰到好处呢?这其中便要注意以下几个方面:

第一,当职员在工作中出现了失误,为了纠正错误而责备他时,一定不要在大庭广众之下责备职员。

第二,责备是对别人的否定,而否定又有轻重之别。有鉴于此,就需要区别对待。

有的职员因为本身的原因,常常缺乏干劲,工作没有主动性。对于他们想要调动主动性,你指责他一通,也无济于事,主动性必须从其内心激发出来。对待他们指责只能是隐晦的,在表面上要进行激励。

如他喜欢养花,可以将他们工作和花儿进行联系,就能引起职员的积极性,使他认真、热情地去工作。不仅如此,这种激励的方法还能使职员产生一种责任感,而责任感恰恰是做好工作的前提。

如此一来,职员必能心服口服,愉快地接受你的责备,因为他的努力得到了承认,他的积极性得到了肯定。

第三，人们在受到责备时。都会感到不痛快。但是林子大了，什么鸟都有，有一种特殊的人，换了责备却"潇洒"得很，任你怎样批评，他只听之任之，我行我素，依然如故。

有位女经理，精明强干，手下的一班干将也都十分出色。但前不久，一名助手因为迁居别处而调走了，接任的是一位刚刚毕业的大学生。这位新来的女大学生。做事又慢又马虎，常常将印过的资料不加整理便交出去。办公桌上也乱七八糟。转眼三个月过去了，她的毛病还是老样子。而且，这个女孩对于任何批评、责备，都只当作耳边风。后来，那位女经理决定改变责备方式。只要一发现她的优点就称赞她。

没想到，这个办法竟然很快奏效了，仅仅十几天，那女孩就好了很多。一个月后，做出了非常显著的工作成绩。

可见，责备这种职员应该从另一个角度进攻，利用称赞来使他们改掉毛病，进而增加你所领导的整体的工作效率。

不当众责备职员当然是最好不过的。可是，每位领导都有各自的性格特点，有些领导比较容易冲动，特别是看到职员犯了比较严重的错误，严重影响全体的时候，就可能按捺不住心中的火气，当众责骂起职员来。这时，就好像是"丢了羊"一样。为了防止继续"丢羊"，就必须立即采取"补牢"的措施，使你因一时冲动而产生副作用减至最小。

某位经理脾气比较暴躁，并且对工作总是一丝不苟，如果看到部门经理工作不负责任，或者令他不满意，就会情不自禁地要当时当地直截了当地指出来。

尽管经理这样做是为了工作，部门经理心里也明白，知道经理并不是责骂他一个人。但是心里毕竟不是滋味。

事后，经理冷静下来，知道自己太过于冲动了，而且后来对部下解释说，这个部门平时工作也是十分出色的，只是因为这种情况，因而有些小错，但工作成果还是可观的。

于是，经理马上进行了"补牢"工作。他在那天下班之后派人把部门经理找来说："今天委屈你了，首先怪我太冲动没有十分了解情况，对你的责备不当，请原谅。不过，你们部门的工作仍需要提高，相信你能做到这一点。"

几句话使部门经理的心得到了安慰，同时又有一种被信任感，再大的委屈也就飞到九霄云外。

俗语说："打人一巴掌再给一个甜枣"，虽然不能轻易地"打一巴掌"，但既然已经"打"了，给与不给"甜枣"效果便会大不相同。丢了羊，再补牢这便是一个不是办法的办法，当你一时冲动当众责备了你的部下时，不妨试试这个办法。

第 3 节　做人办事与同事交际

营造和谐的同事关系

同学时代的友谊固然可贵，可惜天下没有不散的筵席。踏入社会后，面对朝夕相处的同事，又该如何与之相处呢？

同事关系与同学关系大不相同，你面临的不是同龄人，各人的教育背景、性格特征、价值观念、处世哲学等不可能完全一致，即使我们一起告别学校，共同进入某单位工作，我们之间的关系由同学关系而变为同事关系。我们之间关系的状况可能会有这样三个不同阶段。

第一阶段：和谐的阶段。在头三四年里，你我他对单位、工作、同事都还陌生，大家都需要摸索工作规律，了解单位和同事们的情况，这一时期安全是我们共同的优势需要。同样的需要、同等的地位、相同的感情把我们紧紧联系在一起，我们可以做到无话不谈、互相帮助、互相谅解，我们的关系可谓亲密无间。

第二阶段：不和谐的阶段。数年后，我们对单位、业务工作都熟悉了，与同事建立起一定的人际关系，此时尊重和自我需要成为优势需要。你我他相当关心其他的同事、特别是领导对"我"的评价，关注"我"在单位的作用、地位和前景。然而，由于各自的能力、人际关系、机遇等因素，我们之间开始产生差距：评价、地位、作用、发展前途不同。此时，我们相互间不再像以往那样可以推心置腹地无话不谈了，相互心理投入"量"减少了，关系不知不觉地发生了微妙的变化。

第三阶段：沉重的阶段。此时，我们的职务发生了变化，有的人得到提升，有的还在原地踏步，自我实现的前景似乎有所不同。客观上的地位差别，往往会形成主观上的心理距离，甚至有人会产生命运不好、怀才不遇等感觉，于是交往的频率必然相应减低。然而，人是有感情的，回首往事，大家心中不免有些怅然，为什么我们——同事不能始终保持第一阶段关系呢？也就是说，为什么我们不能建立并发展起坦诚平等、互让互谅的关系呢？

要克服以上的分歧是可能的，而且在现实生活中这样的同事关系并不少见。但是，良好的同事关系不会自然形成，需要我们共同遵循一定的行为准则。

行为准则之一：用你的行为使同事认识到，与你相交是安全的。换言之，使对方得到安全感。根据马斯洛的"金字塔"，安全需要是人的低层次需要，但却是必不可少的首属需要。为此你应该：在与同事交往中不探听、更不可揭露他人的隐私；不背后道人之长短，更不可搬弄是非；人孰无过，因此要不记人过错，更不可存报复之心；不狂妄自大，更不可事事处处尽占上风。这样，同事们自然会认为你是忠实可靠的同事又是朋友，便会毫无顾虑地同你交往、合作了。

行为准则之二：需要的满足是相互的，人际交往的目的是彼此满足需要。在人际交往中一方传输信息、感情或者物质等等，另一方理应相应地做出报偿，如态度的转变、交往频率和深度的增加、感情的融洽、关系改善等等。如果人际交往中付出和报偿不公平，则人际关系将受到影响。如果你我待人真诚、不谋私利、急人所急、豁达大度，那么同事关系一定是好的；反之，若有己无人、盛气凌人、贪得务多、粗鲁野蛮……那么同事关系必然不好。

行为准则之三：注意交往的时空距离。我们已经知道，人际关系一般与交往距离的远近，交往时间的多少、长短成正比，因此一个班组，一个办公室的同事关系一般较密切。为了便于向同事交换信息，沟通感情，消除隔阂——也即消除交往中对另一方传输的信息的误解，一般需要进行面对面的人际交往，同时应经常进行交往。然而，我们也要注意交往过度会造成心理及感情上的饱和这一因素，因此，同事间的交往，无论从频率上讲，还是从空间上讲都要恰如其分，即保持"君子之交"的时空距离，这样各自都能冷静地处理相互关系，不致因交往过密而对另一方产生过高的期望，一旦这一期望不能实现（工作上的意见分歧或冲突），就会产生失望感，甚至怨恨情绪。反而不利于保持正常的关系。

行为准则之四：正确对待竞争。在现代社会，各单位、公司都有晋升、加薪的机会，你我他都有好胜争强之心，这是自强不息的表现，也是满足自我实现需要的表现。因此，同事间相互竞争是正常的。围绕着一个共同的目标而展开的竞争，有利于相互促进，有利于共同目标和个人抱负的实现，它是组织和个人是否有活力的标志之一。既然如此，在竞争中你我他都应有这样的认识和态度：在竞争中人人平等，人人都有获胜的机会，也有失败的可能；胜要胜得光荣，输要输得坦然；要戒妒——输者不嫉妒，戒骄——胜者不骄傲。胜负只说明过去。今天你晋级了，我衷心向你祝贺，诚心向你学习，争取明天再分高低。你我他，在竞争中是对手，在工作中是同事，在生活中是友人；争而不伤团结，不失风格，得意时不忘形，受挫时不丧志。这样，同事关系决不会因竞争而受到损害。

行为准则之五：正确认识自我，表现自我。所谓自我，是个人生理、心理和社会化三者的统一。正确认识自我，就是要对自己的体能、智能、价值、社会权利和义务、社会责任和社会地位等有一个符合实际的评价，形成正确的自我意识。在行为举止中表现出自尊而不自傲，自爱而不自卑，自律而不自弃。在对待自我理想和抱负的实现方面，既看到个人的能动性和潜力；同时要清醒地认识到，离开社会、离开集体、离开同志们的协助，自己必将一事无成。这样我们就会在交往中注意自我和社会大我的结合；我们就会有强烈的与他人交往的热忱，乐于与同事交换和分享信息、情报；我们就会在与同事和领导的交往中，保持平等自然的态度，不卑不亢，落落大方；我们就会既有强烈的自我实现愿望，同时又有强烈的与他人合作的愿望。完全可以肯定，同事们一定会尊敬这样的人，愿意与这样的人交往、共事。

要搞好同事关系，除了注意以上的五个行为准则外，还要切记如下要点，才能与同事相处得好：

第一，要以诚待人。而且要讲信用。能赢得别人的信赖，自己也会心安理得，一切都会顺利。

欣赏别人的优点最容易博得别人的好感。希望引起别人的注意，希望别人知道自己的优点，是人的天性。因此，当你诚心赞誉别人时，对方就会以你为知己。

第二，养成尊重别人私生活的习惯。中国人喜欢嘘寒问暖，关怀别人，因此，往往容易流于谈论别人的私事。要尽量避免这种情形发生。很多事情，局外人无法了解，更没有资格去说长道短。

第三，与同事相处，特别要注意公私分明，不能因为是亲朋好友而在公事上带上感情。夫妻或情侣如果在同一办公室，上班时间最好公事公办，不要经常粘在一起，以免别人说闲话。

第四，同事工作有成绩，千万不要嫉妒，要真心欣赏别人，向别人看齐，这也是一种具有积极意义的竞争。

每个人为了维护自己的利益和地位，有时会在心理上筑一道藩篱。如果要取得每位同事的密切合作，就应该尽量向别人表示自己的善意，经常考虑别人的立场和利益，不要自认为高人一等。

第五，不要冷语讥讽他人，不要斤斤计较小利，否则，大家会对你望而生畏，设法避开你，这样你将失去与同事合作的机会。

使人有安全感，是你与同事相处的关键。前面已经提及多次。不要计较他人的过错，不要使人感到你有抱负的意图。与别人谈话不能要求次次占上风、讨便宜，这样你才能成为最忠诚可靠的朋友。

古人说："上不失天时，下不失地利，中得人和，而百事不废。"用现代话来说，同事、上下级关系和谐，则万事兴，也就是单位的生产率、工作效率可以提高，组织的计划、目标能顺利实现，你我他个人的愿望和抱负也可因此而实现。

初次交往，消除距离

一般人在初次上班与同事拉关系时，总是选择一些无关紧要的话题。例如最典型的谈话："今天天气不错啊！""是啊，气温也不高，挺舒服的。"

这种公式化的对话根本不能给新接触的同事留下深刻的印象，同样的对方也会觉得你没有什么特别之处。这样的交谈无疑是浪费时间、浪费精力。

也许有人会认为，第一次与同事见面时讲话太冒昧是不懂得社交礼节，所以有所顾忌。其实大可不必考虑这么多。例如你可以很自然地这么说："最近我和父亲相处不太好，可在昨天我们居然高高兴兴地谈了一个下午，误会完全解开了……"

或者说："这几天太热了，我干脆剃成光头，朋友们都认不出我了……。"以自己的近况为题材是一种很好的开场白。

选择说话的内容，要考虑工作场合及时间。只有针对性地发话，才能加深彼此的印象。

初次见面若想给同事留下深刻印象，首先必须先消除彼此间的距离。某单位有一次邀请某位先生上台演讲，他用自嘲的语言一开始就消除了与观众间的心理距离。他说："今天我第一次与各位见面，特意穿了一双漂亮的新皮鞋，因为挤公共汽车赶路的缘故，新皮鞋张了嘴，脚也起了泡……"

只有尽快地消除初次见面的陌生感，才能给新同事留下永不磨灭的印象。由于我们一半时间都是在工作场合度过，因此说话有时候会流于形式。如何引起新同事注意，就在于如何选择话题。聪明的你，何不运用创意制造奇迹呢?

与任何人会话，都包括了"听"与"说"两部分，所以，这两方面都马虎不得。一般人，往往只注意自己所说的话，而很少注意去思考对方所说过的话。

一般人讲话也还会犯这种毛病：在讲话中，脑中只充满着"接下去该说什么"而往往没听见对方所说的话。如果对方所讲的话中另有含意，那你根本不可能领会。

会说话的人，在同事们讲话时，都很注意听着，然后适时地提出自己的意见。相反，有的人在同事讲话时，总是故意随时将自己的身体抬高，一副跃跃欲试的样子，一旦有机会，马上插嘴。这种人所讲出的话，往往文不对题，引起同事反感。因此，在会话中应该注意去听同事说话。最理想的会话形式是七分听，三分说。

注意听同事的话，并不表示只听他所讲出的话，还要去注意他的身体、动作，还有眼光、表情所表达的意思，有时连服装、打扮都应该注意。如果都能这样全心全意去聆听同事讲话，那么他一定很高兴，而且会有一种踏实感，觉得你很可靠，因为他觉得他所说的话已受到你的重视，说明你是一个知己，这样也就为你在今后的工作上铺平了道路。

还有，如果你认真地听同事所讲的话，也可以适时地发现问题，提出疑问。例如："为什么会这样呢？"或"嗯！我也有同感。"如果你没有用心听，那你只能勉强含糊地回答说："哦！是这样啊！"

前者的要领就是将同事所说的话，再一次由你表达出来，简单地说，就是和对方同调，这说明你听得很认真，也可以说是借着言词来承认对方的人格。这样关怀的做法，会令新同事们觉得你是个温柔体贴的人，从而对你产生亲近的感觉，为你处理好同事间的关系奠定基础。

面带微笑，诚实可信

在与对方接触前，人们大都会根据对方的职业和社会地位即对方的身份产生相应的期望。

比如对方是政治家，就会推测他一定喜欢高谈阔论；对方是推销员，则会反复强调自己推销的产品如何性能优良。但通过接触，当对方出乎你意料地表现出高于你期望以上的言行举止时，如政治家坐在自家的花园里津津有味地读书，推销员对你说他的产品也有某个缺点时，你会产生他比其他同类人更诚实的感觉，因而对他产生很强的信赖感。因此，在推销自己时，不妨借鉴这一方式。平常给同事留下诚实可信的印象，这样有利于以后求其办事。如何留下诚实可信的好印象呢？

首先是微笑。在纽约的一次宴会。宾客中有一位继承了一大笔遗产的妇女。她渴望给所有人留下美好的印象。她拿自己的财产买貂皮、钻石和珠宝。但她不注意自己脸部易于激动和自私的表情。她不懂得每个男人都清楚：妇女的脸部表情比她的服饰更重要。

行动比语言更富有表现力，而微笑似乎在说："我喜欢您，您使我幸福，我高兴看见您。"装出来的笑容只能使人感到痛苦。而真诚的微笑——使人感到温暖的微笑，发自内心的微笑则能给人留下好的印象。

纽约一家大商店的负责人说：一个没有毕业的然而带有甜蜜微笑的姑娘能很快被雇用，而一个愁眉苦脸的哲学博士却困难得多。

如果您心里不想笑，那怎么办？首先必须迫使自己笑。如果就您一个人，那就先开始吹吹口哨或哼哼歌曲。用这种方法控制自己，仿佛您很幸福，于是您就真觉得自己是幸福的人了。已故的哈佛大学詹姆斯教授说过："似乎行动随感情而生，其实行动和感情是互相联系的。在很大程度上控制行动的是意志而不是感情，我们可以间接地调节非意志决定的感情。那么，为使人感到精神振作，您必须表现出精神振作的样子。"

如果你按照上面方法做了，你将永远受到热情接待。

其次是对别人感兴趣。一个对周围的人真诚感兴趣的人两个月结交的朋友比另一个力求使周围的人对他感兴趣的人两年结交的朋友还要多。

不过，我们知道有一些人一生都在努力使别人对他感兴趣，而他们自己对谁也没表示过任何兴趣。当然，这不会有什么结果。人们对您和我都不感兴趣。他们首先对他们自己感兴趣。

纽约电话公司为调查人的通话中使用次数最多的是哪个词，详细调查了人们的通话。您猜对了，这个词是人称代词"我"。"我"字在500次电话通话中使用了3990次。"我"，"我""我"，"我"……

在您看您与别人的合影照的时候，您首先看的是哪个人？

如果您认为人们对您感兴趣，那您回答下面这个问题："假如您今天晚上死掉，有几个人来参加您的葬礼？"

如果您对别人不感兴趣，为什么别人要对您感兴趣？如果我们只努力使人们对我们感兴趣，那我们任何时候也找不到真正真诚的朋友。真正的朋友不是这样找到的。

著名的魔术师霍瓦特·土斯顿，40年里他走遍了全球。他的魔术令观众目瞪口呆，6000万观众看过他表演，他挣了近200万美元。

当有人请求土斯顿披露他成功的秘密时，他说，魔术书有上百种，人们读的书并不比他少。但是，土斯顿有两个常人没有的优势：第一，他善于在台上表演。他是一个技艺非凡的演员，深知人的本性。每一个手势、语调、微笑都经过了详细的研究。第二，土斯顿对人们真正感兴趣。很多魔术师看着观众，心里自言自语："来的都是些头脑简单的人。我随便玩弄他们。"土斯顿完全持另一种观点。他每次出场，用他自己的话讲，都这样对自己说："我感谢这些来看我演出的人。靠他们的帮助，我的生活才有了保障。我应尽量为他们表演好。"

当你求同事办事时，要表现出真诚，对所求的问题实事求是，不言过其实。人们大都有过这样的经验，在买东西时，对高声叫卖，大力宣传自己物品最好的商人，总是抱有怀疑的态度，轻易不敢买他的东西，生怕上当受骗，而提供真实可靠的信息，正视自己的短处，就可能打消被劝说者的怀疑态度，缩短两者之间的心理距离，使结果比较满意。同事之间，如果能直言不讳，说出自己的困难，要比含糊其词好得多，这样，同事根据自己的情况认为能够帮忙，一定会鼎力相助。

香港一家药品公司在国内报纸上登了一则药品广告，以这么一句话结尾："当然，大病还得看医生。"乍一看，这句话近似废话，甚至还有自揭短之嫌，然而它却能在消费者心理上起到意想不到的作用。这则广告说的是实话，因为这句话告诉人们，此药的疗效范围是有限的，或者说，我的药有很强的针对性，并不是包治百病的灵丹妙药。所以这句话符合药物的特点和实际情况，具有很强的真实感，因而能够赢得人们的信任。

求同事办事，不可不笑，不能不诚。

与同事保持距离

在任何时候只有和同事们保持合适距离，才会成为一个真正受欢迎的人。

你应当学会体谅别人，不论职位高低，每个人都有自己的工作范围和责任，所以在权力上，千万不要喧宾夺主。但也不能说"这不是我的事"这类的话，过于泾渭分明，只会破坏同事间的关系。在筹备一个任务前，应该谦虚地问上司："我们希望得到些什么？""要任务顺利完成，我们应该再做些什么？"

不要在背后议论别人长短。比较小气和好奇心重的人，聚在一起就难免说东家长西家短。你一定不要加入他们的一伙，偶尔批评或调笑一些公司以外的人，倒无所谓，但对同事的弱点或私事，保持沉默才是聪明的做法。

公私分明也是重要的一点。同事众多，总有一两个跟你特别投机，可能私底下成了好朋友。但不管你职位比他高或低，都不能因为关系好而进行偏护纵容，一个公私不分的人，是成不了大事的，更何况，上司对这类人最讨厌，认为这是不能信赖的人。所以你应该知道有所取舍。

与同事相处，太远了显然不好，人家会误认为你不合群、孤僻、性格高傲；太近了也不好，因为这样容易让别人说闲话，而且也容易使上司误解，认定你是在拉帮结派。所以不即不离、不远不近的同事关系，才是最合适的和最理想的。

有人认为好朋友最好不要在工作上合作，这句话有一定道理。一天，公司来了一位新同事，他不是别人，正是你的好朋友，而且，他竟分为你的拍档。如果上司将他交托与你，你首先要向他介绍公司分工和其他制度。而不能跟他拍肩膀拉关系，以免惹来闲言碎语。大前提是公私分明。在公司里，他是你的搭档，你俩必须忠诚合作，才会有良好的工作效果。私底下，你俩十分了解对方关心对方，但这些表现最好留到下班以后，你俩可以跟往常一样一起去逛街、闲谈、买东西、打球，完全没有分别，只是奉劝你一句，此时少提公事。

还有一种情况就是：当一位旧同事重返公司工作时，你也要注意自己的态度。因为旧人对你和公司都有一定的了解，虽然和他并不需要时间去适应，但是首先你得清楚，这位旧同事以前的职级如何？他的作风属哪类型？与你的关系怎样？如今重返旧巢，他的地位会有所改变吗？

如果他以前与你共过事，请不要在人前人后再提以往的事，就当是新同事合作吧，这样可以避免大家尴尬。要是他过去与你不相干，如今却成了搭档，不妨向对他有些了解的同事查询一下他的情况，但注意要装作轻描淡写，不留痕迹。

有些同事生性暴躁，常因小事就唠叨不已，虽然事后他会把事情忘得一干二净，但当时粗声粗气或过烈的反应，却会叫你闷闷不乐。怎么办呢？暗自纳闷，只会害苦了自己，这时可以想个改善之法。要知道，同事相见的时间往往比家人还多，经常如眼中刺，不仅难受，恐怕还会直接影响工作情绪。

对付这种脾气的人，最好的办法是以静制动。然而，消除误会，并非采取凡事忍耐的策略，相反，这恰恰是积极和主动。你不妨细想一下，有同感的肯定不只你一个，所以不妨就由对方猛烈地说下去，你只要处之泰然，即使有其他同事表示不同，你也保持缄默，直至事情明朗化，对方的态度平静下来，你再摆出明白事理的态度来，细心将事情分析，如此，你必能将对方摆平。

化解争执要沟通

同事们在一起相处的时间久了，就会不可避免地产生矛盾，进而引发争执。争执并不可怕，可怕的是不知道如何处理争执。处理得好，能使一切矛盾消解，甚至能让双方因此得到进一步的沟通。而若处理不好，便会引发更多的问题来。既然处理争执的问题如此重要，该如何着手呢?

1. 同事哭泣的时候

表示你的关切及协助的意愿，但不要阻止他哭泣，因为哭泣可能是缓解情绪的好方法。给他一些时间来恢复平静，不要急着化解或施予压力。

最后再问他哭泣的原因，如果他拒绝回答，也不必强求；若他说出不满或委屈，只要倾听、表示同情即可，千万不要贸然下断语或凭自己喜恶提供解决的方法。

2. 同事愤怒的时候

当同事愤怒的时候，你千万不能以同样的情绪对待，那会使争执进一步激化，但也不能妥协。对自己的意见除了要坚持外，还可以向对方表示你希望双方能冷静地分析问题并解决问题。

待对方冷静下来之后，你就可以询问他生气的原因所在，询问时一定要照顾到对方的情绪，不要说些与此无关的废话。总之，一切都要建立在谅解和宽容的基础上。

3. 同事冷漠的时候

不要有任何臆测，你可以不经意似的问他"怎么了?"如果他不理会，不妨以友善态度表示你想协助他。

如果他因感情或疾病等私人问题影响到工作情绪时，建议他找人谈谈或休假。

4. 同事不合作的时候

切勿一味地指责对方或表示不满，最好找个时间两人好好谈谈。若对方因工作繁多、无法配合，则可再安排时间或找他人帮忙；但若是纯粹地不合作，则更需多花时间沟通，寻求问题的症结及解决办法。谨记：退一步海阔天空，说不定还能因充分的沟通而化敌为友呢！

绝不让恋爱与家庭交际出纰漏

善于交际的人，不是容易给人制造矛盾，而是化解矛盾。面对恋爱和家庭，你的社交能力怎样，也是相当至关重要的。例如，善说话、会办事都可能赢得对方的心。的确，一个善于在这两方面交际的人，总有比别人更多的成功保险系数。

第 1 节　做人办事与恋爱的学问

注意第一印象

所谓印象，就是实际事物在人脑中的反映，它具有选择性。第一印象是在初次见面时彼此间留下的印象，它会决定相互间的关系。如果彼此感到满意，就会发展进入角色，如果彼此印象较差，相互关系就会冷淡。所以，第一印象对恋爱中的男女来说，是非常重要的。

铁军是个活跃、善良的小伙子，单位人都知道他业务强、能吃苦，就是有点小毛病——不修边幅。每次同事给他介绍朋友，铁军总是随随便便，给人一个不太满意的形象，不是太邋遢，就是缺少风度。一见面，就给人不精神、不在乎的散漫印象，自然不能萌发对方心中的美感，而与爱情失之交臂。

这就是铁军的遗憾之外，不能完整地被对方了解，这就是不重视树立第一印象的必然结果。铁军事后仍坚信，重要的在于以后的交往。实则不然，在人们心理上，常存有首因效应，即第一印象所引起的核心效应，它决定着以后交往的进程，是不容忽视的。如果第一次就结束，何谈下一步的改进呢？

而且，第一印象可产生先入为主的导向，使人们易对某个人形成成见。例如：小高就一直反感那种夸夸其谈的文人，小李却由于首次的约会沉默少语而被"淘汰"。其实，他倒是有一肚子话，可偏偏阴错阳差。小李这回鼓起勇气，一反常规，在与小高初次见面时，就侃侃而谈，小高却不得不皱起眉头，给小李下了个定义——狂妄小子，以后的约会自然告吹。尽管小李的朋友多次解释，小高始终不信，成见深矣。

小李的失败说明成见常在一瞬间就可形成。尤其在第一次的见面，在彼此还都不了解时，一句话、一个动作都可能给对方留下一个深刻的印象，它将加到对整体印象的分数中，必然会影响总成绩的高低，而这个成绩将很难改变。

因此，在第一次约会时，首先要客观地反映自己，同时也要注意自己的言谈举止，树立自己最佳形象，给对方一个好印象。再在进一步的交往中，相互了解。切记！最佳的形象一定要在真实自我的基础上树立；虚伪的假象总有一天会被揭穿，那将是很尴尬的。

徐丹曾自称是个医学院学生，假期到某高级宾馆打工，其外貌与学历自然令宾馆的小伙子们倾倒。徐丹在其中也找到自己倾慕之人，却始终不敢表明真实身份——一个失学待业者。终于一次意外事件，当一位客人晕倒时，本想炫耀一下徐丹的男友，却为小徐的"掉价"行为大失所望，令小徐陷入绝境，无疑使刚刚建立的恋爱关系受到创伤。

另外，在两人的相互交往中，会逐渐修正第一印象，所以在交往中要保持行为与形象的一致性。

高中时同学的沈楠与孙松无交情，都只保存对方模糊的印象，认为对方内向、不活跃。可考入外地的同一学校时，老乡的概念拉近了两人的距离，在多次的来往中，模糊的印象清晰了，且彼此的认识改变了，也更深刻了。做到真正了解对方，第一印象才算成熟。

人们在第一次接触时，总不免拘束些，并不能显示全部的性格。正如沈楠与孙松经过交谈，熟悉以后，性格才全方位展示，使整体印象完善，不像由于初次见面的生疏而放不开话题。当双方相互了解明朗后，便自然和谐了。

第一印象决定双方是否可能进一步交往，通过交往才能深入了解对方。所以第一印象是恋爱的第一步，也是关键的一步。树立良好的第一形象，将会有一个愉快的发展进程，而经过伪装故意增大光环，或过于拘泥、怯场的现象都会带来不愉快的后果。

一个好的印象是建立在坦白的胸襟、大方的举止、整洁庄重的着装上的。在性格波动范围内稍加小小修饰，会有更好的收效。留下一个恰当的、大方的、诚恳的、潇洒的第一印象是成功的开始。

初到女友家

初次到女友家做客应如何交谈？许多男青年对此感到很棘手。这里向你介绍几点应该引起注意的问题。

第一，要适当做些准备。俗话说得好："凡事预则立，不预则废。"初登女友家门，就像参加一场考试，既要注意服饰仪容，又要做好交谈方面的准备。准备工作主要应从三个方面进行：一是稳定情绪。要确立自信心，相信自己不会丢丑，从而使紧张情绪慢慢平静下来。二是要了解情况。要了解好女友家庭成员，父母的职业、文化、兴趣、经历、性格等，只有熟悉了情况，才能准备充足，交谈时也能有的放矢。三是初拟内容。想一想对方会提些什么问题，自己可做些应答准备，只要胸有成"话"，情绪上建立了优势，实际上就等于成功了一半。

第二，注意问候致谢。进门后应先热情诚挚地问候，给对方家人留下一种好的第一印象。如见到女友父母，应问"您好？早想拜访二老了，今天能见面，我非常高兴"。当对方敬茶时，要起立双手接过，并点头致谢。当女友介绍全家成员时，要答以合适的称呼，并点头微笑，以示敬意。

第三，学会引话题。初次见面，双方都会感到拘束。寒暄之后，常会冷场。这时需要会引话题，引话题的方法很多，一是就地取材，如可从墙上的名人字画、窗台上的摆设等中引出话题，因为这样往往能体现主人的情趣爱好，使主人讲出许多令他愉快的话来。二是问熟避生，也就是说，引话题要从对方最熟悉的事入手，避开对方陌生的事。三是适时转移话题，如见到女友家的小孩进来，可问问孩子几岁啦，爱什么游戏等。

第四，学会叙述说明。女友的家人提问时，要对所问问题解释说明，说话时态度要恭敬，声音略低些、柔和些，语速略慢些。碰到不懂的问题不要装懂，事事冒充内行，反而会弄巧成拙，让人耻笑。此外，对某些问题与女友父母的看法有分歧时，可留待以后讨论，切不可当面争得面红耳赤。

除了注意以上几个方面外，还应注意"四忌"：一忌油嘴滑舌，因为是初登女友家门，说话必须朴实、诚恳，油嘴滑舌必招女友家人厌恶。

二忌自我吹嘘，也就是说，自己是怎样就怎样，切勿为了获得女友父母的好感而自吹自擂，那样必定会适得其反。三忌胆小羞怯，说话要落落大方，自自然然，否则就会导致局面尴尬。四忌粗言劣语，面对女友父母，那些不文明的口头禅、不礼貌的言语是务必要戒除的。

最后，当告别女友家人时，应彬彬有礼地说"再见！""让你们劳累了一天，多谢了！""过些时候再来看望两位老人"等等。

情苑"起火"怎么办

谈恋爱，也讲火候。从恋爱萌芽初期、中间成长发展期，到恋爱成熟期，需要一个过程，而对这一过程的把握也就是掌握恋爱的火候。掌握好了，爱情自然升温，妙不可言；掌握不好，就有可能使恋爱出现败笔，让人心生遗憾。

恋爱的时机从大的方面讲就是"适时"，什么时间碰上了意中人，就什么时间谈，这是多数人较易掌握的。从小的方面讲，恋爱的"时机"与"火候"比较难把握，它不是可以根据自己的情况决定的，而是由"对象"的情况所决定的。

第一，先搞清对方是不是情有所归，你是否被对方所爱。弄明了这两点才可以决定是不是要向他表白你的爱，不可贸然开口。

第二，有几分希望了，也应注意不要加温加速。恋爱伊始，姑娘小伙总是"又吃鱼又嫌腥"，既想得到又怕得到，总担心到手的是"削价货"。所以表白过早，便往往使对方有"得来全不费功夫"之感而怀疑对方。此时最恰当的是等待"时机"，爱他（她）而不说爱，等他（她）

的感情燃起来，发出了爱的呼唤，时机就到了。

第三，当小伙子穷愁潦倒，由于巨大的挫折、打击而处于万念俱灰之时，姑娘们尽可以给予多的同情和友爱，但最好不要选小伙子的逆境当作给予情爱或接受情爱的时机。由于男子的气质，当逆境过去，他们往往视当时的爱情为同情，觉得不是爱而是怜悯，是自己由于环境放弃了主动性的被迫选择，甚至认为是不得已而求其次，常常因此负义改变初衷，造成双方之间的裂痕或者悲剧。

第四，恰恰相反，当姑娘面临不幸，身处逆境而失望、绝望之际，倘若小伙子能给意中人以精神上的帮助，以其诚挚的友爱去温暖抚爱姑娘受伤的心，由友爱到情爱，姑娘必将终身相报。对小伙子来说，这正是向姑娘表白的时机（但对姑娘来说，要注意不要让色徒钻空子）。反过来，小伙子成功得意之时，姑娘们可放心追求，这有"鲜花献英雄"之意。而姑娘得意飞腾时，多不是追求的时机，她们此时往往自视甚高，视追求者为趋炎附势而非真情，弄不好要碰一鼻子灰。

第五，双方都心有灵犀，如果已彼此会意，也不一定非表白说那句"我爱你"不可。事实上，有好多恋爱而结婚的夫妻到老也不一定说过那句话。但既要说，就要注意以下几点：

一、注意环境，要静谧宜人；

二、注意气氛和谐，无压力；

三、注意情绪，要彼此都有那么种意愿和要求，有一种渴望感；

四、注意分寸，要尊重对方，不强人所难；

五、要有被拒绝的精神准备。但只要竭诚爱慕，用自己赤诚的心相求，他（她）最终是会扑向你的怀抱的。

不同场所不同方式

一、公园。游公园是青年伴侣谈恋爱最常见方式之一，但你们不应呆呆地坐在公园的椅子上，而应该游逛或坐坐秋千，让身体活动，这样双方都可以消除紧张。

二、散步。在月光下走马路也是一个好办法，但你注意要让她走靠人行道的那边，并尽可能地与她步调一致。两人最初的间距以20厘米为宜。

三、跳舞。初次约会就去跳舞有很多弊病，但若对方热衷此道，你也得顺其心意，且在激烈地跳动中能消除彼此的隔阂。

四、运动。可以在喊叫中增加热情，但你不能技不如她。

五、电影。须知道剧情适合于初恋情侣，别太过悲伤，否则她会认为是不良的预兆；也别纯是逗笑的闹剧，否则她会认为你的品位不高。而在看电影时不能交谈，这是缺点。

六、进餐。

（1）座位的选择：

要注意找一个角落，这样可避开众人的目光，减少初恋女友的心理紧张，而且，你还要请她坐在背向门口的位置，如此她的视线便会以你为中心，同时你自己则可看到整个餐厅的情形，能够在平静的气氛中引导谈话内容。但如非特别有趣或必要，切忌在餐厅的人群中找话题。

（2）进餐时的注意事项：

①要主动请她吃饭，因为一般女孩子都不愿明说肚子饿了。

②先问她想吃什么，如果她不表示意见，你就自己决定菜单。别推

来推去，那样你以为礼让对方，其实会令对方尴尬。点菜时要注意别要粘牙的食品，因为那会破坏气氛。

③进食时尽量不要发出声音，宜一面谈心，一面进食。

④你尽可以放开胃口吃，女孩子通常都喜欢男孩子食欲旺盛。

（3）关于饮酒的注意事项：

①初次约会时，万不可强迫女友喝酒，这样会令女友不快，而且她可以你强迫饮酒为借口拒绝再与你约会。

②别装海量，不管你会不会。

③如她喝了，脸色转红，你要赞美她。

七、博物馆。如果你的女友文雅沉静，你可以考虑和她一起逛逛博物馆，可能会意外地产生良好气氛。但你不可对博物馆里陈列的内容一无所知或知之甚少，由女友来说给你听，那对你就很不利了。

八、比赛或表演。让女孩子看体育比赛或杂技表演，让她认识一下她并不十分熟悉的世界，同时你可以边看边发表自己的高见，这样可以加深她对你的印象。

九、游乐场。容易使人处于兴奋状态，可制造一种坦率而开放的气氛，身体也会自然地靠近。但你不可有非分之想，否则女方一有戒心，你便自己把好事弄砸。

十、餐厅的选择。女孩子会喜欢格调高雅而整洁的小餐厅、有异国情调的餐厅，或者也可以到高楼大厦的顶楼餐厅去，可一边进餐一边饱览都市夜色。

十一、约会迟到。如果你飞奔到约会地点，喘着气向对方诚意道歉，如"在中山路塞车了，急得我跳下车跑步过来，跑得我气喘如牛"或"我想找一份你喜欢的礼物送给你，以至赶不上时间……"。有助于消解女友的不满，不过，这种事可一而不可再。

十二、道别技巧。最好在适当的车站跟她说再见，陪她等车，直到车来，等她上车及车开出后自己再离去。这样女方便不会觉得你缠得太紧。如果她愿意让你送回家，那表示她对你已芳心暗许。这里必须注意分别时机，第一次约会应该在女孩子还想和你相处时结束，这是使她期待下一次约会的绝招。同时，你应运用如下的邀约技巧，比如在等车时，你问她："今天是夏至，你知道夏至的意思是什么吗？"她说不知道，这时车就来了。你说："那好，下次约会时我告诉你。"再重复下一次约会的时间和地点，然后送她上车。或者，她在将分手时这样说："和你相处，我这个晚上过得很愉快。"你必须立即接上话头，说："那实在太好了，我下次会让你更快乐。"然后再适当地重复一下下次约会时间和地点。

寻找两个人的空间

如果你们已建立了较好的"友谊"，那么进一步的单独约会、相互了解的过程就已提上日程，而此时约会的技巧至关重要。

日本作家原慎太郎，在其处女作《太阳的季节》一书中，描写了湘南族还处在太阳族里时，小伙子们自由而又奔放的生活情景。比方说，他们想去划船就去划，想游泳就去游个痛快。如果是带着女友的话，他们也总是自己做决定，多出主意。

不要以为他们这样做太武断了，他们的这种做法，其实有很大的吸引力，女孩子们各个心服口服地追随在他们的后面，几乎没有摇头或说

"不"的。或许你不敢相信，但是，从小说之外的现实中，如果你照着上面的方法去做，就不出你之所料，许多女孩子的确不会找出理由来拒绝你的。

"谨慎"、"谦恭"、"有风度"是妇女传统美德和本能表现。换句话说，在女性的心中，应付男人的诱惑、邀请等时，与其积极地想去思索，还不如以社会大众的习惯来顺从。所以，当你要去邀请她时，绝不要用商量的口气问她："愿不愿意……"之类的话，而应开门见山地说："咱们一道去吧……"虽然女人也有不愿意与你同行的时候，但是，如果她想说"不"的话，则多少会给她造成心理负担，使她对你有一种歉疚感。

然而，你如果用"愿意不愿意……"这种问法，乍看起来好像非常客气，但事实上却给了对方说"好"或"不"的两种机会。不用多说，责任上的分担，都推给了对方，而女人又不习惯于承担任何责任，所以警戒心高的女人，为了不节外生枝，干脆就摇头对你说"不"了。"愿意不愿意……"，"要不要……"这种不妥当的言辞，被否定的可能性实在太大了，你可能也有这种经验吧。

相反地，如果你用单刀直入的问法："咱们去吗！……"那就不大一样了。用客气决定性的问话得到的回答往往就只有"好吗"二字。这是为了不让女人犹豫不决的最佳问法。这不但问得好，而且主动权就掌握在男人手上。当然，她们可以婉言谢绝，因为她们留有为自己辩护或推卸责任的余地，说你事前没有征求她们的同意，自己早有别的安排。因为一同前行的意愿并不是由她们来决定的。如果她们承诺了，自然就会化为行动，这个时候，自然就跟随在你的后面走了。否则，你就扑空了。

如果你以为，为了尊重女性的意见，在约会共餐之前，应该对她说："是吃西餐呢？还是吃中餐呢？"或是"这个周末，你有空没有空"等，这种尊重对方意见的问话，虽然会使女方感到高兴，但另一方面，女方会想：如果说，我喜欢吃西餐，他是不是真的带我去呢？我该怎样回答呢？

对于女性来说，在决定一件事情时，基本上都是选择较轻松的。因此，女性通常都有懒得费心思的习惯，最好什么事都不必动脑筋就能顺利解决。所以，以上那种为了要尊重女性的意见，反而造成她必须经过思考后，才能做出决定的麻烦在她的心中会产生排斥感，这就是说，由于你逼迫她去思考，反而造成麻烦。所以，你要尊重她的意见，不如干脆告诉她，你要怎么做，让她依从你的决定去行事，这样对她来讲，会感到比较轻松。同时，女性对于指导她行为方向的人，怀有一种值得依靠的信任心。

朋友，你学会了吗？

把握恋爱的"温度"

恋爱发展到一定程度后，双方之间的距离几乎已经不存在了。拥抱、亲吻等较亲昵的动作也就出现了。对于相恋的情人来说，这是生理、心理的本能，也是爱之升华的必然表现。对这种亲昵，把握适度，会使两颗相恋的心被神圣的爱情融化，产生一种幸福的情感。若失度，往往使喜剧变成悲剧，带来不良后果。但是，处于热恋中的男女，理智往往约束不了感情冲动，使这种亲昵表现出格。

有的女青年未婚先孕，流产手术影响了身心健康，有的女青年献出贞操后又遭遗弃，甚至要担个轻浮、堕落的罪名。这苦果均来自当初只顾享受爱的"甜蜜"，而忘记了理智，不要小看热恋中的亲昵，倘若把握不好，一念之差，将悔恨终生。

怎样才能把握好恋爱中的亲昵，不使它出格呢？

第一，要从心理上筑起一道防线

男青年要想到为女友负责，既真诚相爱，就不能给对方造成不必要的身心痛苦。

要牢牢把握住婚前婚后的区别，亲昵中注入的是自己真诚的情爱，而不是性欲的发泄。作为女青年，更要注意把握好自己的情感，既不要放纵自己，也不要为对方的要求所动，即便是对着自己将终生相爱的人，也要处理好情操与情欲的关系。

第二，多一点理智，少一点冲动

年轻人的思想不成熟，处理问题易受感情摆布，往往不是凭着理智而凭着冲动去办事，这是很容易出事的。处在热恋中的男女，在双方相处中应时时警告自己，不要太感情化，特别是在亲昵的时候，更要提醒自己不要越轨，要考虑到越轨可能带来的严重后果。

第三，要在言行举止上把握好自己

恋人在幽会或相处时，女青年在男友面前不要穿轻薄透明的衣着，这容易引起男性感官的刺激。交谈中更不能有挑逗性的举止行为，两人都要注意，不要有关于色情的话题和语言。拥抱、接吻的亲昵举动一定要适度，千万莫引"火"烧身。

第四，要文明恋爱，亲昵举动要分场合

在电影院、公园等公共场所也毫无顾忌地搂抱亲吻，虽不违反国法，但毕竟与我们的国情民俗不相符。所以，恋人间的亲昵举动要避免在人多的地方进行。

只有理智地把握好亲昵的尺度，才可以使爱情这杯酒越酿越浓，品尝起来也越有甘甜的滋味。否则，它只会酿出苦酒。

慎对恋爱风波

对于初涉世事的青年来说，恋爱这路既是甜蜜的，又是曲折的，甚至风云突变，陷入危机，都是难免的事情。如果你在恋爱中面临危机，应注意以下一些问题：

1. 及时沟通，消除误会

对于因误会而造成的恋爱危机，应不失时机地进行沟通，以消除误会，驱散乌云。

青年在恋爱时期是十分敏感的。有时候一句不经心的话，一段流言蜚语，一个不当动作，一次意外失约等，都可能被对方所误解，为爱情投下阴影。有些青年过于粗心，并不注意及时消除误会，在这种情况下对方如果十分在意，必然积怨日深，导致爱情出现危机。当然，误会引起的危机并没有动摇彼此的感情基础，如果及时进行沟通，消除误会，爱情之舟就会绕过暗礁继续前进。因此，当发现对方有所误会的时候，就应开诚布公地向对方说明事实真相，如果事情比较复杂，还可以请他人间接说明情况，真相一旦大白，就会烟消云散，言归于好。一般说来，因误会造成的危机并不是感情上的变异，只要及时说明真相，实现心灵的沟通，问题就会顺利得到解决。

2. 自强自立，正确处置

对于因双方地位变化导致的爱情危机，处于弱势的一方应自强自立努力提升自己，找到新的平衡支点。

在现实生活中，恋爱双方因一方上了大学，当了干部，进了城，发了财，而厌弃对方，以为配不上自己，而使恋爱关系告吹的较为多见。出现这种危机，我们应从两方面来看：一方面因地位变化而产生思想变异抛弃另一方，这是对爱情的背叛，是不道德的行为；另一方面彼此地位上的变化的确容易带来一些实际问题，为婚姻幸福增添不利因素，人们有所考虑又是无可厚非的，对于没有婚姻关系不受法律约束的人们来说尤其如此。如果我们这样看问题，对于这种恋爱危机就不会过于沮丧抱怨，也不会表现出异常愤怒，就会做出理智的选择，为自己争一口气，努力拼搏，提高自己的实力，在新的支点上实现新的平衡，挽回爱情。比如，恋人上了大学，自己学历低，在条件允许的情况下就应想办法努力学习提高学历。

当然，这并不是说对方有什么，你也必须有什么，完全对等。而是说，为了挽留住爱情，你必须善于为自己创造某种优势，赢得对方的爱。这样一来，他有他的长处和地位，你有你的优势和实力，就可以为自己找到新的人生支点，不至于使爱情的天平过于倾斜。

3. 争取主动，赢得爱情

对于因脚踩几只船出现的爱情危机，应以竞争姿态，主动出击，努力争取成为爱情的赢家。

由于种种原因，有的人谈恋爱不够专一，常常犹豫不定，见异思迁，使爱情陷入危机。如果你不想让爱情之舟倾覆，对此就不要消极等待，而应采取竞争姿态，去积极争取，让爱情的天平向你倾斜。积极争取的姿态反映在：一是对于对方的不良表现不予指责或视而不见，显得大度一些。这种姿态易于感化对方，赢得好感。二是善于扬长避短展示自己的优势，增强自己的吸引力。三是在感情上更加投入，给对方更多温情、体贴和关心，最终战胜情敌，赢得对方的爱心。

有时候，恋爱危机是竞争造成的。感情这东西很奇怪，谁主动一些，投入一些，谁的吸引力就大些，谁就能占据对方的心，成为情场上的胜利者。如果只责怪对方不专一不道德，自己不敢展开竞争又不善于竞争，那你就可能成为爱情危机的牺牲品。

当然，有些爱情危机已经到了决裂的边缘，你所做的任何努力都可能是白费气力。在这种情况下，当事人就应清醒一些，爱情既然已经走到了尽头，你就应承认现实，没有必要为失去它而过分悲伤，相反应无怨无悔地放弃它，去追求新的爱情。

有自信就有魅力

讨论形象魅力主题，最复杂难测的莫过于男女之间的情爱魅力，它没有社会约定俗成的形象标准，往往情人眼里出西施，"有人唱戏，便有人看戏"，人人都在追求心目中的情人爱侣。

魅力，一个令人目眩迷惑、难以捉摸的名词。魅力，是指妖娆性感，抑或英雄气概？魅力，是指吸引力、煽动力？抑或影响力与信服力？魅力，是指一种人格物质，生活形态？抑或外在装扮，举止言行？但毫无疑问的是，情爱魅力，绝不仅指世俗的性感媚力！它包含精神、心理与生理等复杂因素。

他只是一个普通的相貌平平的公司职员，而绝非英俊风流的白马王子。令人不可思议的是，凡是与他交往过的年轻女子，几乎人人都像着了魔一样地被他深深吸引，众多的心理学家亦对他刮目相看，戏称他为"恋爱怪杰"。这位怪杰具有天赋异禀，能使异性为之倾心吗？并非如此，他本是一个极不善交际的人，直到 16 岁，他才开始接触异性。起初，他胆小得连话都不敢讲，丝毫引不起姑娘的兴趣。他的奥秘是什么呢？用他自己的话说，就是"坚定的自信心"，他以此为原动力，注意学习语言，交际的技巧，注重自身的素质、风度等等。

坚定的自信心使他如愿以偿，自信本身似是一无所有，却总能在人们的眉眼言谈，举止行为中频频显现，让人倾倒。

孙涛自觉长相丑陋，但是，他并不因此而顾影自怜。他说："一个人无权选择自己的容貌，丑陋是先天而定。你当然得接受这种丑陋，且应该为这种丑陋而坦然。"当他第一次和自己的女朋友见面时，她很有些为自己的美貌而自恃！"很多人都说我漂亮，是吗？"她娇嗔地对孙涛说。孙涛气极了。心想：怎么能在一个丑陋的人面前提"漂亮"二字呢？真不近情理。当然，他聪明得不会说出这"愚蠢"的话而失去一个可爱的女友。因为他自信，所以他说："我不相信我的丑陋就注定只能找一个丑的妻子！"他面带微笑地为她念了一首小诗：如果／你只为美貌而爱我／那么／当岁月褪尽了我的红颜／你的爱／还能依附何处？……

真挚的情感与自信的声音令漂亮的姑娘深受感动，不久，这位姑娘做了孙涛的妻子。

自信是每个人最大的财富。自信，对女性来说是同样的重要。意大利电影明星，奥斯卡金像奖得主索菲娅·罗兰曾讲过："生活中，一个人必须在许多事情上采取现实主义的态度。……不管别人怎么想，你必须以自己的方式相信，你是个美丽的女人，这就是说，为使自己美丽动人，女人必须自信。"

自信是每个人最大的财富，他可以创造奇迹，他可以使你平添魅力。或者说有了自信，你才能放送你的魅力。

在《安娜·卡列尼娜》中有这样的情形：吉蒂刚刚到 18 岁，正是有资格出入社交界的年龄，她听说安娜也要出席这次舞会，好胜的吉蒂一心想把她比下去。于是吉蒂做了精心的准备，从衣料的质地、色泽、款式，甚至到衣服的花边都做了考虑。可是，到了舞会上，安娜却只穿了一件平时喜欢的黑色长袍。可是正是这件平常的衣服，把安娜衬托得格外美丽。在这个珠光宝气、姹紫嫣红的色彩世界中，安娜显示了一种超群脱俗的朴素美。吉蒂心想：她并没看到安娜的全部魅力，她的姿态、手臂、颈项、鬓发是迷人的，生机勃勃的脸蛋也是迷人的。相形之下，吉蒂的打扮显得异常俗气。也就是在这场舞会上，安娜把渥伦斯基迷得七荤八素、神魂颠倒。

女性在男性心目中，本就是以优雅来取胜，而这种优雅的真谛便是朴素。李白就说"清水出芙蓉，天然去雕饰"。索菲娅在贫穷时，发现了"朴素才是优雅的真谛"，成名后，她一度忘记了，后来，她才重新意识到穿金戴银并不能使人显得高雅动人，一个服饰简朴的女人，似乎对自己的魅力更有信心。

风度有时是魅力的化身。一个风度翩翩的人一定颇具魅力，而一个毫无风度的人一定不具魅力。周恩来就是这样，无论是穿中山装，还是西装，即使是旧的，他一样风度翩翩，仪态大方，风度使他魅力一生。风度是美的伴侣，是协调的一种体现，是一种体现在运动中的美。

对女性来说，具有优雅的风度，不一定要华服美饰，不一定要国色天香，它是神韵照人，举止优雅，翩然温婉的综合。有风度的女性，她的一颦一笑、一言一行、一举手、一投足都会让人感觉风度是一种自然的流露，刻意去追求、模仿，会让人觉得矫揉造作，甚至很可笑。

当代女性中的男性魅力，已经从外在形象中的英俊潇洒，转向了品格和力量的显现，以极幽默、聪慧、机智的具备。男士的风度，常常表现在一些细小的事。男士的果断、沉稳、刚毅、勇敢，常可以表现在大家面前，有目共睹，在与女士相处的琐事上，更注意些，会收到意想不到的效果。

无论对女性还是男性，风度的魅力内涵都是知识。较高的文化修养和知识水平，会在仪态上加上一种聪颖的智慧魅力。否则，女性将会显得艳丽有余，典雅不足；男性会显得刚猛有余，文雅不够。人人都有魅力，鼓起你的信心，大胆地开采和放送你的魅力，何愁爱情之花不会盛开！

被拒绝怎么办

并不是所有的求爱者都能被自己钟情的人所接受，而事实上，生活中有许多人都曾有过求爱被拒绝的经历。求爱被拒绝，无异于一堆烈火被泼上了一盆冷水，确实让人不好受。有人曾因此而万念俱灰，痛苦不堪，茫然不知所措；也有人不死心，穷追不舍，死缠不放；还有人因此而产生报复心理，干出违法的事来。其实，这些都是不足取的。要知道，爱不是一厢情愿的事，需要两颗心产生共鸣。遭到拒绝时，首先要做到理智、豁达、开朗，然后努力解脱自己。

要解脱，先要找出被拒绝的原因。一般来说，拒绝求爱者有这样几种原因：

第一，已有意中人，并且相爱颇深，这种情况下不知情者盲目求爱，遭到拒绝是理所当然的。

第二，不了解你，也许还不认识你，而你因为爱她，对其已了如指掌。在这种情况下遇到你的求爱，对方或者羞怯，或者感到唐突，便本能地回绝了你，这是很自然的。

第三，根本不爱你。对方未相中你，对你各方面条件不满意，或者根本就不喜欢你，所以断然拒绝了你。

第四，不想谈恋爱。对方因年龄、事业或家庭、社会的某些原因，暂时还不准备涉足爱河。

拒绝别人的爱，无论出于哪方面的原因，都是正常的。每个人都有选择恋人的自由，所以，爱情不是可以强加于人的，明白了这个道理，你就不该为受到对方拒绝而痛苦了。

　　爱不能强求，需要双方自愿结合。俗话说：强扭的瓜不甜。人家不爱你，拒绝你，而你仍穷追不舍、死缠不放，甚至运用卑鄙的手段强行占有对方，表面上看好像你胜利了，实际上你是个失败者。真正的爱情根本无须这样，你即使占有了对方的身体，却得不到她的一颗心。和一个与自己不一心的人生活一辈子，无须实践，只要你想一想，足够令你感到可怕了。既然这样，当对方拒绝你之后，你还有必要再去白费心机，做一些既无益于自己，又损害对方的举动吗？虽然你会因此而痛苦，但这又有什么用呢？除了让自己受折磨以外，没有任何积极作用。因此说，还不如正视事实，坦然面对人生为好。为了避免遭受拒绝后痛苦不堪、一蹶不振，你也不妨用一用"精神胜利法"，自己安慰自己，说不定你会很快稳定自己的情绪。如果你能化悲痛为力量，把精力投到更有积极意义的方面，失去的东西一定会得到补偿的。

协调浪漫爱情

　　首先，由于生活的时代不同，两代人身上都刻上了时代的烙印，形成了不同的择偶和恋爱观。父母一般要求比较全面，看得比较远也比较现实，既要求对方的经济宽绰，个人及家庭地位上的优越，同时也讲究门当户对。而年轻人往往看重自己的感觉与两个人心灵的默契，"情人眼里出西施"，他们找对象的侧重点往往与长辈的看法不一致，也很难统一。其次，好多老人看不惯现在年轻人的穿着打扮与举止言谈，又不愿在儿女面前迁就默认，所以就极力反对；还有好多老人信奉生辰八字，绝不容许犯忌，这也人为地为儿女婚事造成了阻碍。不管对方人品家教如何，只要生辰八字不相配就觉得别扭，所以也常常调兵遣将力劝儿女回头是岸，免得惹来祸患，这时儿女恐怕就会进退两难。再者，也有这样一部分父母，他们由于对子女的溺爱、宠惯，既希望他们找到合适的伴侣成家立业，同时也觉得一旦他（她）结婚，就有种别人把自己辛辛苦苦抚养大的孩子从身边夺走的感觉，这样难免会横加干涉儿女的恋爱。

父母看不上自己恋爱对象的原因很多，这也不足为怪。当你遇到这样棘手的问题时，应该注意以下几点，以求一个圆满的结局。

一要冷静。

父母毕竟比我们见多识广，他们的意见很具参考价值，我们应该理解他们真心为儿女着想的心情，摆正自己与父母的关系，吵闹、回避，甚至为此而断绝与父母的关系都会把事情弄糟。"唇枪舌战"也好，"离家出走"、"以死抗争"也好，都只能加剧两代人的隔膜与怨恨，两败俱伤。儿女敬老爱老是多方面的，在婚姻问题上尊重老人意见，多听取，多商量，多采取理智、冷静的态度，在关键的时候，不妨先退先让，这并不伤我们的面子，老人的自尊感与权威感促使他们不愿向晚辈低头认错，我们应该理解这种年龄、辈分所赋予他们的特有的心态。

二要重视吸取。

对他们正确的有理的经验之谈，我们不能妄加反驳，而应给予必要的吸取与借鉴，殊不知他们虽老了，可眼睛还是亮的，看问题有时比我们年轻人要深要远。适度地吸取可以避免悲剧的发生，可以借父母之力走出情感的沼泽与误区，重新树立自己正确的择偶观、恋爱观。

三要有耐心。

如果父母是老眼光偏激地看人看事，做晚辈的可以通过多种途径做他们的思想工作，使他们自觉地摒弃那些残规旧俗，以儿女的幸福为重，求得和解。这也是晚辈对老人的孝顺，这样两代人之间情感的纽带会越连越紧。他们也看到了自己在儿女心目中的地位，心理上会得到满足。

所以这就要求我们晚辈要会看火候、抓时机，不可火上浇油，因此而与父母反目，也不能为成全老人的心愿而耽误自己的终身大事。

和父母共同携手解决好自己的婚恋问题，将无疑给家庭美妙和谐的乐曲增添上一个鲜活而动听的音符。

第 2 节　做人办事与婚姻和谐

面对失误少指责

夫妻双方在一些家务事情上出现一点失误是难免的。面对失误有些人喋喋不休地责怪对方，对方不服，觉着烦，必然反驳，于是责备之声就成为点燃家庭战火的导火索。可见，在夫妻之间还是少一点指责，多一些体谅为好。为此，要做到：

1.遇事要先问原因，后评结果

在很多情况下，责备常常带有主观色彩。他们不是先问事情发生的真正原因是什么，而是先对问题的结果提出自己的看法，主观武断地根据现象加以评论，不问青红皂白，就向对方提出责难，大兴问罪之师。这样，主观的评判往往搞错，冤枉了人，引起矛盾冲突。我们应改改这种习惯，一旦遇到，不要首先兴师问罪，而应先问问原因，弄清楚是怎么回事，再决定自己的言行不迟。这样就可以避免因失当的责备而引起不必要的冲突了。

2. 遇事要先想补救办法，后分责任

事情既然已经发生，当务之急应是想办法，加以补救，不要先兴师问罪，责备一通。比如，有这样的两口子，一天，丈夫多喝了几杯酒，骑车摔倒在路边，一瘸一拐地回来。妻子最烦他喝酒，见他满口酒气，带伤而归的样子，火就不打一处来。可是，她强压怒火，没有责备他，马上给他处理伤口，又给他倒浓茶醒酒。就这样，平时爱唠叨的妻子此刻却没有说一句责备的话，反而却引起了丈夫的自责。丈夫主动表示。以后决不再贪杯！你看，遇事先想办法处理问题，而不是先追究对方的责任，其效果不是要好得多吗？

3. 遇事要先责己，后对人

有时候出现问题的原因是十分复杂的，责任也不完全在一个人的身上，如果一方一味地把矛头指向对方，就容易引发矛盾。相反，如果人们把矛头向内，也想一想在这件事情上自己有没有责任，并以高姿态主动地承担责任，哪怕自己只有一点点责任也要承担下来。这样不但可以使问题较为客观地得到处理，而且还可以感化对方，促使其以同样的态

度承担责任，从而导致问题的圆满解决。

　　只要做到上面几点，家庭中的责备之声就会收敛，矛盾冲突就可能因此而减少甚至完全消除。

夫妻之间要平等

　　夫妻婚后生活，需要双方互相理解与交流，这一协调所要达到的目标或说是所追求的境界当为和谐。和谐一语，看似简单，但其融汇古今之义，内涵无比丰富，要达到真心和谐的境界，绝非易事。从古到今"和"字都在不断地得到世人的强调，古人有"君子以和为贵"之说，我们今天则总说"维持和平稳定的大局"。"和"是儒学先师的一个重要概念，孔子公开宣称："君子和而不同"，明确把"和"与"同"相对立起来，"和"是独立两物的和鸣共振，是两个各守自身原则的人们相慕相倾，是两性关系的协调；而"同"，则沦为无原则的一方对另一方的趋同。因此，"和"之所以可贵，在于它在保持平衡的同时，肯定了个体的独立人格、尊严与原则，而不致沦为另一方面的附庸。这也可以说是平等性。

　　当今社会提倡男女平等。在家庭生活中，这种平等的观念已基本建立，许多家庭中的女性地位甚至高于男性。但几千年男权社会的某些传统的陈腐观念仍然存在。在男权社会，女人是男人尤其是富人的私有财产，男人对女人有绝对支配与拥有权，这一观念直到今天依然危害不小。大概是受传统观念影响太强，一些中国男人对女人的占有欲极强，对处女贞操看得依然很重。虽然结婚了，他拥有现在的妻子，但有人尚不满足，还想连过去也要占有。这是否就是一种不平等。而女性对男子过去的所作所为则有较大的宽容心事，特别是对婚前男人的行为都不过多地去追究。

许多丈夫总是千方百计地想知道妻子过去的一切。有的人具有男子汉气度，妻子讲述了过去的事就算了；有的男子则不然，有时装着大方，听你表白，婚后说不定某个时候又回想起来，醋缸打翻，不可收拾。看来，作为妻子和恋人，为了寻求自己的平等权利，还是不要向对方表白过去较为妥当。戈登曾说过一句名言：我们应该相信适当的"掩饰"对婚姻有好处而不是破坏它。

英国著名小说家哈代的代表作品，即大家所熟悉的《苔丝》，是一部悲剧。而女主人公苔丝的悲剧命运即代表了过去几千年来女性的悲剧命运。在两性关系或隐私权问题上，相对于男性而言，女人总是吃亏。在哈代的这部小说中，苔丝与克莱自由恋爱，即将喜结良缘。在这天夜里，克莱情不自禁地回忆起他在外地上学时曾与一个不明不白的女人鬼混，表示了极度的懊悔，请求苔丝的原谅。善良的苔丝很快原谅了他，也向他倾诉了自己心中的不幸。苔丝曾受到地主少爷亚雷的强暴，已不再是处女之身。克莱这时却惊呆了，完全不能接受。因此，婚后的克莱很快与苔丝分居，之后远去美洲。苔丝实际是被他抛弃了。

小说中，克莱表现出极度的冷漠与自私。这完全不是苔丝的过错，她仅仅是一个受害者，却得不到克莱的同情与理解。克莱是一个牧师的儿子，思想开明，向往进步，因此他与挤奶女工苔丝恋爱并决定与她结婚。然而就这样一个开明的人，还是把女性的贞洁看得如此严重，可见传统思想意识对人的影响有多大。

　　世间最亲密的人，莫过于夫妻，夫妻拥有许多共同的秘密，有些是绝对不愿让外人知道的。然而就在这最亲密的人之间，夫妻也还会拥有各自的秘密，不愿让对方知道。但中国人偏偏喜欢探知别人的隐私，尤其是妻子的隐私，大有"全盘曝光"而后快之感，究其原因无外乎想知道对方的"情事"而已。

　　既然我们都在讲天赋人权，人人平等，那么为什么男人总是要在隐私和贞洁上对女人斤斤计较，不能平等待之呢？也许有人会找出传统影响之外的种种理由，诸如从生理、心理、道德、操守层层论证，这些的确很重要，但我认为还是传统观念问题，女性与男性虽有性别、强弱等等差异，但在"天赋人权"这一点上，应该是完全平等意义上的人。

　　那么，夫妻之间也应该要求同样的平等，我们何必在隐私问题上纠缠不休呢？在平等的情况下，每个人都是独立的，多面的个体，而不是扁扁的只会承受的平面，这样，每个人都会有一片属于自己的自由天空，每人心中都会有那片不容别人随便踏入的芳草地。因此，在这个问题上，我们既然承认了夫妻双方的独立自主性，也就承认了隐私存在的合理性，我们既要保护心中那片芳草地，同时也要尊重他人的心灵自由。

　　夫妻之间既需互相沟通与交流，交换感受与看法，又需要让双方拥有自己自由的天空。这就是夫妻间的协调艺术。走好这一个平衡木，才会共建一个和谐活泼的现代家庭。这需要夫妻双方都付出自己的理解与尊重。

有问题单独解决

有句俗话说"人前教子，枕边说妻"。这是前人的经验之谈，指出了在家庭中说话要区别对象和场合的原则和方法。"枕边说妻"是指人们在纠正妻子（丈夫）的错误和缺点时应在私下进行效果较好。具体说来，应做到以下三点：

1. 不要当着外人的面指责对方

一般情况下，夫妻双方若一方当着别人的面指出对方的问题，并要求对方这样做那样做，即使你说得很有道理，对方也会感到受不了。因为在人前指点，对方会从心理上感到一种不平等不尊重，因而自尊心会受到伤害。为了维护自尊，他们就会顽强地进行对抗，以表现自己的平等地位和不可侵犯性。比如，有一家夫妇俩接待客人，其间，妻子给客人倒茶时被地上的东西绊了一下，结果摔坏了杯子。这时丈夫说："你总是毛手毛脚的，稳当一点！再说，你看看这个家，东西放得乱七八糟的，不碰倒仨绊倒俩才怪呢！"只见妻子的脸立即变了色，没好气地说："你说我，你没长着手。你为什么不动动手？"当时的场面自然十分尴尬。显然，丈夫这样当着外人的面指责、教导妻子，对方哪里受得了。如果这些话等客人走了以后再说，也许妻子就会虚心接受呢。

2. 也不应在子女面前相互指责

夫妻间还应注意不要在自己的孩子面前指责教导对方。这是因为：一方面在孩子面前彼此指责同样会感到丢面子，易于加深矛盾，不利于解决问题；另一方面还会产生不良家庭影响。父母是孩子的榜样，在他们的心目中父母的形象最完美。因此，夫妻应随时考虑自己在子女面前的形象。当着孩子的面，夫妻之间要十分注意维护对方的尊严和威信，不要互相揭短指责对方，特别是不要轻易揭对方的隐私，教训对方。如果把这些问题暴露给子女，就会破坏自己在子女心目中的美好形象，降低威信，进而带来不良后果。

3. 要学会在两人世界里解决问题

实践证明，夫妻之间相互有意见，放在背后来说对方更容易接受。这样做既体现了对对方的爱心、尊重，又容易收到好的效果。比如有一家来了客人，妻子当着客人的面说别人的坏话，拨弄是非。丈夫感到不妥，但当着客人的面他没有直言制止，而是寻机插话把话题引开去。事后，他对妻子提出批评，说明道理，妻子听了口服心服，表示以后注意这个问题。试想，如果丈夫当场指责的话，妻子一定会感到面子上过不去，进行反驳，形成矛盾。

由此可见，夫妻之间互相指出问题时应坚持内外有别的原则，凡是不宜在公开场合指出的问题，都应放到背后个别谈。在私下场合，两个人之间不分彼此，谁说得重些轻些，都可以理解，即使十分尖锐地批评，也不至于顶牛。一方一旦认识到自己错了，就会低头认错。谁也不会因丢面子而拒不讲理，坚持错误。

总之，在二人世界里，每个人的自尊心就会退到幕后，而爱情与感情的力量会占据主导和支配地位，很多问题都会在这种气氛下得到圆满解决，这正是"枕边说妻（夫）"容易成功的原因。

化解夫妻矛盾

生活本身就充满了矛盾，夫妻之间出现矛盾是很正常的。大部分矛盾是可以缓和化解的，但如果不会处理这些矛盾，则有可能使矛盾激化，引发争吵打骂甚至人身伤害，严重者可导致离婚。

从情感上来说，谁也不希望自己与丈夫（妻子）发生矛盾，但这只能作为一种美好的愿望，实际上矛盾还是会有的。不过，这并不可怕，只要你能够恰当地处理夫妻间产生的矛盾，这些矛盾是会得到缓和化解的。下面就告诉大家一些化解夫妻矛盾的方法，帮助大家消除闹矛盾可能带来的不良后果。

1. 用缄默弱化对方怒气

当对方因故向你大发脾气，火势正盛时，你不要再捡添柴火或煤油，唇枪来舌剑去，显威呈强，而应保持沉默，只管做自己的事，或泡一杯茶，或拿一张报，表示休战。实际上，沉默是一种最好的反抗或认错，使对方有火无处发，有气无处泄，而你仿佛是一个局外人。其实呢，你也在感受。当对方气消后，再耐心交换意见，如果是你错了，就向对方承认自己的过失，如果是对方错了，你也应表示原谅。这是比较明智防止夫妻冲突进一步加剧的最好办法。

2. 转移注意力

双方大动肝火时，你要马上理智地想到转移法，转移自己和对方的注意力，把对方的思想从引起争吵这件事上引开来。此时，你可以去干对方感兴趣的事，或者按下录音机的按钮，首先让自己的思绪完全沉浸在美妙的音乐声中，如果对方也喜欢这支乐曲，他（她）也很快会从吵架的角色进入乐曲的角色，而尽情欣赏起音乐来，几支曲子下来，就会把引起不愉快争吵的事忘得干干净净。那时，两人再坐下来促膝谈心，交换看法，效果肯定比双方都大动肝火时好。

德国音乐家梅亚只有一次与妻子大动肝火，但他马上冷静下来，坐到钢琴前，弹起一首美妙动人的乐曲，连他的妻子也感动了，于是两人重归于好。

3. 暂时回避

发现冲突将要来临，你可以暂时回避一下，或设法马上躲开。当他（她）发现没有发泄的对象时，气也就消了。这样既尊重了他（她）又感化着他（她），可以避免矛盾复杂化。

4. 运用暗示

夫妻发生矛盾的时候，如果其中一人能拿出当时两人定情的信物，当做十分喜爱的样子，故意在对方面前摆弄，暗示对方：你看重两人之间的感情，希望对方也能够以彼此的情义为重，别为一些不必要的小事伤和气。这样做有时候挺管用。

5. 来一点幽默

夫妻俩唇枪舌剑吵得不相上下时，如果此时丈夫或妻子冷不丁说了一句调笑的话，往往能使激烈的争吵戛然而止，双方都想笑，但又笑不出来，此时效果最好，这无疑使冲突降温。一般地，夫妻间调笑的话最好是在夫妻间可以说的，而对外人不好意思说的内容，只可意会，不可言传的东西，而且调笑的语调要尽量放得轻松些、活泼些。生活经验告诉我们，调笑可以成为夫妻冲突的缓冲剂，它虽然不能解决矛盾，但可以化大矛盾为小矛盾，化小矛盾为无矛盾，这是夫妻争吵、闹矛盾时必须掌握的一条妙法。

据说有一次哲学家苏格拉底正在同客人谈话，其妻进来对他大骂，并将一桶水泼到他的头上。苏格拉底笑着对客人说："你看，你看，我早就知道，打雷以后，接着一定会下雨的。"一句话，说得三人哈哈大笑，难堪的气氛顿时消除了。

6. 小别几日

夫妻矛盾冲突发生后，两人待在一起肯定会感到难受。此时，不妨找一个正当的理由，小别三五天，这不但使对方能更好反省自己的行为，而且能激发对方爱的思念，自己也能冷静下来，到时候再坐下来交换意见，无论是环境还是气氛，岂不是对双方和好更有利！但这不应是赌气式的出走，或不告而别。

7. 多为对方考虑

俗话说，"一个巴掌拍不响"。夫妻之间产生不和，一般双方都有责任。因此各人要主动扪心自问，查己之不足，多站在对方的角度考虑或主动承认错误。生闷气，不理人，只会扩大矛盾。

8. 制造假象

适当地、有意地制造些假象，是缓和夫妻冲突的有效办法。夫妻争吵时，假装非常生气，到一定火候，再转怒为笑，可使对方破涕为笑。

一般情况下，夫妻冲突时小小的赌气，往往可激起对方的歉意和让步，而主动向你表示和解。但假象的制造，一定要以双方的和解为出发点，要把握好分寸和火候，不然有弄假成真、弄巧反拙的可能。

9. 破例做事

一旦夫妻关系僵持，一方加倍体贴对方，尽量为对方多做些事。特别是破例做些平时没有做过的事。这样，会使矛盾化解，关系缓和，有时他（她）还会破涕为笑，言归于好。

10. 若无其事

夫妻矛盾冲突发生过后你要当做不知道，依然亲热地说这说那，好像从来没有发生过争吵似的，有时甚至用些亲昵的动作，这会使矛盾冲突很快被爱的氛围所化解。如果你这样做时，对方有些不合作之意，此时你要表现得越尴尬、越措手不及就越好，这往往给对方出了一个难题，他（她）会觉得过意不去，而主动来和你交谈、亲昵。若对方这样做了，就说明矛盾冲突已基本缓和，或者说是矛盾冲突正在逐步消失。因此，夫妻争吵后，一方的不存芥蒂，依然亲热，做一个"小花脸"，往往令对方进退两难，从而变被动为主动，而求得矛盾的解决。

吵起来了怎么办

夫妻长年生活在一起，在一些日常杂事上发生矛盾也是不可避免的。有了矛盾，最容易引起争吵。夫妻争吵虽然是生活中常有的事，但如果不善处理，就会伤害夫妻感情，给家庭生活蒙上阴影。

那么，生活中，夫妻发生了争吵应该怎么办呢？

1. 要竭力控制自己的情绪，不可冲动

控制自己，冷静息怒，这样随着时间的推移，愤怒会在你心中慢慢融化。有句谚语说得好："时间能医治一切创伤，时间也能吹熄一切怒火。"特别是年轻人更应该注意做到这一点。青年人火气旺，往往吵几句嘴就头脑发热，动起手来。这种做法是愚昧而野蛮的，后果往往很坏。

电影《喜盈门》里的仁文因妻子强英不孝敬老人，搬弄是非，狠狠打了她一巴掌。结果强英先是出走，然后又气哼哼地打到兽医站。仁文又当爹又当娘，很吃了些苦头，以致闹离婚。

由此可见，打骂不是解决问题的好办法，相反会导致矛盾激化。甚至使夫妻感情破裂。所以，青年人争吵无论多么气愤，无论哪一方有理，都不要动手，而应当尽量"降温"，做到以理服人。

2. 以柔克刚

如果夫妻俩，一个急躁，一个柔顺，那就不容易冲突起来。俗语说："良言一句三冬暖，恶语伤人六月寒"。夫妻之间发生矛盾时，千万不要用尖酸、刻薄、讽刺的话去伤害对方，否则自己痛快了，对方却好几天缓不过来。为了加速感情的恢复，还可以试着为对方多做些事情。因为，这样做出乎对方意料，往往会使对方做出相应的热情回报。

3. 要善于用幽默

当对方发火时，你要善于克制自己冲动的感情，不要针锋相对。你

可以说些宽慰、诙谐、逗趣的话来缓和紧张的气氛，这样你就可以避免矛盾的激化和升级。

4. 要忍让对方

当你受到爱人的"无礼"时，不要把弦绷得太紧，要豁达大度，暂且退避三舍。理智的让步不仅对自己有好处，也能避免把事态搞得很僵。特别是女方，切忌回娘家搬兵求援。因为男方还会觉得妻子在别人面前丢了他的脸，而更加不满，从而加剧矛盾。倘若娘家"救兵出山"，事情只能愈加麻烦。常常有娘家人帮助出气而导致家庭破裂的事例，我们应该引以为戒。

5. 主动打破僵局，以和为贵

夫妻争吵有时会形成僵局。如果双方都不肯主动和解，僵持时间过长，容易造成心理上的压力，增加彼此的怨恨情绪。因此，争吵后应尽快寻求和解。这时，不要把一方的主动态度看作"屈服"、"没理了"，而应视为风格高、有修养、宽宏大量的表现。如果觉得直接要求和解不大好意思，可以利用给对方打个电话、餐桌上添一种对方喜欢吃的菜、给对方买一件礼物、晚上同床就寝等方法，向对方发出和解的信息。这时，另一方也要及时做出反应，这样，夫妻的矛盾就会烟消云散了。适当回避、缄默和转移也不失为一种策略。

6. 吸取教训，以此为戒

争吵并不可怕，可怕的是事后不吸取教训，让同样的争吵经常发生。夫妻争吵时，往往暴露了各自的缺点和弱点，个性表现得也最明显，事后应该通过批评和自我批评加以改正。同时，要找出引起争吵的症结所在，防止以后重复发生争吵。

虽然夫妻争吵不可避免，但只要我们从以下几个方面努力，至少可以把冲突减少到最低程度。一是不要逢吵必赢，表达了心中的不满就够了；二是不要做最后的发言人，而真理并不一定就在说最后一句话的人那边；三是坚决拒绝"重温历史"的试探；四是留个下台阶的通道，招式千万别用光，以免返不过来；五是吵架是你们两个人的事，千万不要把外人牵扯进来；六是认定吵架是强烈的沟通，不要用离婚或返娘家不归做要挟。

学会欣赏对方

"多数男子寻求妻子时，"洛杉矶家庭关系研究所主任鲍本诺说，"不是寻求高级职员，而是寻求一个有诱惑并情愿奉承他们的虚荣心，使他们感觉优越的人。"所以，办公室经理偶尔被邀吃一次午餐。但如果也很能干地托出在大学里所学的《现代哲学主要思潮》的残余作为谈话的资料，并甚至或坚持自付餐费，结果会使她自此以后独自午餐。反过来说，未进过大学的打字员，当被邀吃午餐的时候，白热化地注视着她的男伴，仰慕地说：'再多对我讲些你自己的事。'结果将使他告诉别人说：'她不是十分美丽，但我从未遇见过比她更能说话的人。'"

男子对女子审美观及装束协调的努力表示欣赏。所有的男人都忘了，如果你们曾觉察的话，将知道女子是如何的注意衣着。一位 98 岁的老妇人在死前不久，人们给她看一张自己 30 余年前所摄的相片，她老视的眼看不清相片，但她问的唯一的问题是："那时我穿着什么衣服？"试想一想！一位在她最后岁月的老太太，虽然年事已高，卧床不起，记忆力衰弱得几乎不能辨认她自己的儿女了，还注意要知道 30 余年前她穿着什么衣服！

读这几行书的男人，不能记忆一年前他们穿什么衣服，什么衬衫，他们也没有丝毫的意思要去记住它们。但女人不同。法国上等社会的男子受训练，对女人的衣帽表示赞赏，在一晚不止一次，而是多次，五千万的法国人不会都错的！

卡耐基曾讲述过这么一个故事：有个朋友的妻子，参加了教会的"自我改进"课程，回家要先生列出六样能让太太变得更理想的事项。这位先生说道："这个要求真让我吃惊。坦白地说，要我举出六件事项实在简单不过。天晓得，我太太可是能列出上千个事项希望我变得更好。但是，我没有这么做。我告诉她：'让我想想看，明天早上再告诉你。'第二天早上，我起了个大早，打电话要花店送六朵红玫瑰给我太太，并且附上纸条写着：'我想不出有哪六件事希望你改变，我就喜欢你现在的样子。'傍晚回家的时候，你想谁会在门口等我呢？对啦，我太太！她几乎含着眼泪等我回家。没必要再说什么了，我很高兴没有照她的请求趁机批评一番。"

"星期天在教会的时候，她把事情经过报告出来，许多太太走过来告诉我：'这真是我听到过的最善解人意的话。'我也因此体会到赞赏的力量。"

佛罗伦兹·齐格飞，是百老汇最有看头的舞台秀制作人，具有一项"使美国女孩增添光彩"的超绝能力。好几次，他把原本没有人愿意多看一眼的平凡女孩，变成了千娇百媚、风情万种的舞台明星。他深知道赞美和信心的价值，故常用殷勤、体贴的力量打动女士们的心，使她们相信自己确实美丽。他很着重现实，把歌舞女郎的周薪由三十元升到一百七十元；他也很浪漫，首演之夜，必致电给主要明星，还送每个歌舞女郎一大束红玫瑰。

在好莱坞，婚姻是一件冒险的事，甚至伦敦的劳慈保险公司也不愿打赌。在少数快乐婚姻中，巴克斯德是一个，巴克斯德夫人从前叫勃莱逊，她放弃灿烂的舞台事业去结婚，但她的牺牲永没有使之损坏他们的快乐。"她失掉了舞台成功的鼓掌称赞。"巴克斯德说，"但我已尽力使她完全感觉我的鼓掌称赞。如果一个女子完全要在她丈夫那里求得快乐，她必须在他的欣赏与真诚中得到，如果那欣赏与真诚是实际的，那她的快乐也就得到了答案。"你明白了。所以，如果你要保持你的家庭生活快乐，一项最重要的原则就是：给予真诚的欣赏。

要相互尊重

平等是一条人格原则，而相互尊重是平等最好的表现形式。没有平等的概念又何谈尊重。夫妻双方往往因忽视尊重对方而"燃起烽火"，所以无论你们有多亲密，也应有些距离，以"礼"相待，如此看来，古人"举案齐眉"之礼还是有些进步意义的。

"失去的才珍贵"，这是世人皆知的人生经验，也许正因如此，我们才要尊重过去一切。我们自己的秘密要加以保护，绝不让人随意践踏；同样，他或她的隐私也需要你的认可与尊重，你不可以随便闯入。如果你擅自地践踏或闯入，这必然要把人惹得火冒三丈，关系不紧张才怪！过去的事情，不管结局如何，永远值得我们回忆与珍爱，今天回忆起来，都已经拥有了特定的诗意美感，我们或许会从回忆中求得安慰或者会增加社会经验，或者对人生的真谛有了更深一层的理解。

有这样一对夫妻，一起去参加了一个晚会，丈夫因在晚会上发表了一个精彩的演说而博得了与会者的热烈赞扬。回到家中，他依然激动不已。他踌躇满志，豪情满怀，他急切地想与妻子一起分享这种激情，等待着妻子投入自己的怀抱。可是，这时妻子却由于在晚会上听到一首旧歌而陷入了对往事的沉湎之中，她心情低落。这位丈夫好像在热火中被泼了一盆冷水，焦躁、气恼，他憎恨自己的妻子，更妒忌她过去的情人。但他始终控制着自己没有发作。妻子在床上和衣而卧，渐入梦乡，丈夫的心也渐渐平静了下来。他向窗外的夜空望去，想到了郊外那座荒凉的坟墓，那是一位可怜的小伙，因追求这个丈夫的妻子，伤心失望而殉情自杀。

夜深了，这个丈夫望着妻子安详、熟睡的脸，露出了会心的微笑，他怀着无限的柔情轻轻地为妻子盖好被子……

这位丈夫虽有过焦躁与气恼，但毕竟还是理解和尊重占了上风，他肯为妻子着想，肯牺牲自己一时之欢而成全妻子。我想，这位妻子一定会做一个美丽的梦，她会见到她过去的情人，但是，她更感谢理解她、爱她的丈夫。

失去的才珍贵。不错。正因如此，我们尊重理解过去，尤其是他人的过去。但你注意到没有？这句话更深一点的含义却是让大家更要珍惜、把握现在。不是吗？过去是现在的过去，现在是将来的过去。这是人与人之间，人与过去之间的一种爱，一种理解，一种尊重。

　　而平时夫妻间却常常因一点点小事而失去了这份理解和尊重。而祸端往往由口而出，所以夫妻间谈话一定要注意相互尊重，切不要有凌驾对方之上的语句，更不要伤及自尊，应采取平等的原则、谦和的态度讲话。有人会说：夫妻间谁还在乎这个！那你就错了，每个人都在乎"对之无礼"之举，夫妻自不例外。伤及自尊之事更不要做，想想看，多少事端是由你图一时口舌之快而掀起的，有时甚至无法挽回。

忍耐克制宽容

　　在婚姻生活中，"忍耐、克制、宽容"是一种金科玉律。婚姻虽然只涉及两个人，但两个人如果谁都睚眦必报、斤斤计较，乃至动辄恶语伤人、动手动脚，这样的婚姻总会蒙上重重阴影；夫妻之间互敬互谅，彼此尊重，都宽容大度、忍耐、克制，两个人的心才会越贴越紧，生活中才会有宁静、和谐与欢笑。正如任何一个和谐的政府都是互相对立的社会力量互相妥协的产物，美满婚姻也是男女双方相互妥协的产物，而这种妥协就是对婚姻的协调。尤其是男人在家庭中要善于宽容、原谅妻子，万万不可逞意气之强。只要男女双方都讲求一个让字，都善于克制、容忍，最大的怒气、麻烦，乃至冲突都能心平气和地解决；那种动不动意气用事，凡事都要争个输赢的做法与容忍、克制完全是两码事。一个人不可能无视或不在乎对方的缺点、弱点，对待对方的缺点首先要善意地宽容它，真正地宽容它。金无足赤，人无完人，世上没有无缺点和过失的妻子或丈夫，求全责备，不能容人，只能是心胸狭隘、目光短浅的表现。在家庭生活中，好的脾气是最经得起考验和最具有力量的品质。温和的脾气加上自我克制，就会产生耐心，有了耐心，人们才会真正去容忍他人、克制自己，才会静静地听对方诉说，而不会恶语相讥、唇枪舌剑；只有有了耐心，心头的无名怒火才会渐渐平息，无数灾难性的恶果才可能避免。有人说，"良言一句三冬暖，恶语伤人六月寒"，这对于生活在家庭中的夫妻双方来说也真是金玉良言呀。一句温和的话语胜过十句恶言恶语。

　　情感与理智是人的婚姻生活的两根支柱。夫妻之间的情感靠理智保证，理智又靠情感催化，不然生活就会失调，矛盾就会产生。一般说来，夫妻间的非原则性矛盾，都是可以通过"忍耐、克制、宽容"来解决的。曾经有过这样一对夫妻，因争吵丈夫愤然出走。到了傍晚时分，丈夫漫步来到海边，发现妻子竟然也在海边凝视沉思，默默哭泣。当他俩对视了许久后，妻子无不惊奇地说："你？"丈夫也内疚回应："你？"继之，妻子又说了："我是来向大海诉苦的，是来这初恋的'圣地'追忆的，既然我们第一次甜蜜的约会是在这里，今天我要倾吐衷情地应该是这里……我们结婚八年了，为了生活，我含辛茹苦，家里家外，缝洗烧煮却很少见到你有笑脸，听到你有句好话……只因我的脾气也不好，气得你离家出走，你一走，我悔恨莫及，你以出走惩罚我，我能受得了吗？……常言说，一日夫妻百日恩……你……？"她的丈夫被深深地打动了，感化了，在拥抱中，重又荡起了初恋的波澜……你要记住：只有"忍耐、克制、宽容"才是你渡过无谓的情绪陷阱的法宝。

受人猜疑怎么办

夫妻之间只有相互信任、相互理解、相互尊重，夫妻关系才会和谐发展，夫妻感情也会日益加深加厚。猜疑心理源于对对方的不信任、不理解。夫妻间要是有了猜疑心理，夫妻关系就会受到影响，严重者可伤害夫妻感情，导致婚姻破裂。

夫妻间产生猜疑心理，是有其原因的。这些原因不外乎以下三个方面，只要能针对原因采取相应的办法和措施，猜疑是会消除的。

一方面是由于夫妻间缺乏必要的了解和信任。也许一方婚前展示自己性格、爱好等不够充分，婚后，另一方发现你有许多方面并不为他（她）了解，如果豁达开朗的人，即使有点小矛盾心里也不存什么芥蒂，依然会爱他（她）如初。但若是他（她）心眼比较小，遇事想不开，又不及时把心里的疙瘩说出来，窝在心里自己犯嘀咕，这就容易产生猜疑了。猜疑这种东西有时也挺怪，回来晚了，是不是跟别人约会了？有时解释一下会引起更大的猜疑。

遇到这种爱人，你最好是尽可能多与对方在一起，尽可能多表示你对他（她）的感情，比如一块去郊游，一块下厨房，一块去散步。不要吝惜话语，心里想到什么就说什么，让他（她）了解你信任你，把最初的猜疑打破之后，双方就会感到透亮多了。如果爱人猜疑，你却使性子，就会加重对方的猜疑，以致酿成大的矛盾。

另一方面是由于思维定式的作用，使爱猜疑的人，认准某件事是怎么回事，自己便在心理上自圆其说，产生一连串的猜疑。遇到这种情况，就需要你有耐心、有涵养，帮助爱人打破他（她）的思维定式，向他（她）

坦露你的胸襟、你的情操，用诚恳的态度化解爱人的缺点。有问题时不要回避，把一切都处理得磊落大方，爱人对你有了基本的信任尊重之后，猜疑就会自然消失。

还有一个方面兴许是爱人对爱情、友谊的理解有失片面，认为所有的人为表示自己忠诚，就不应该再与他人交往，否则就是有问题。这是许多人产生猜疑的思想基础。

这时就需要你和爱人平时多交谈，或者为他（她）提供一些书籍或文章，纠正他（她）的片面性，使他（她）明白，在现代社会中，社交是人的正常生活需要，封闭自己对夫妻双方都不利，帮助他（她）提高修养。当然，这个过程不是一朝一夕可以完成的。婚姻的完善本身就是一个终身的事情，其间，需要我们付出辛苦和努力。

即使爱人产生了猜疑，你也不要责怪爱人，你可以从以下四方面去把握，积极消除爱人的猜疑。

1. 态度冷静

从感情上讲，自己被误解，内心自然是苦恼的。但是，在夫妻之间，也不能一听此言就火冒三丈，因为这毕竟是夫妻之间的误解，不能说没有调和的余地。

2. 规范自己的言行

如果爱人的确还有心病没有解决，自己在和爱人怀疑的那个异性接触时，要适当地注意一些，如在可能的情况下，避免接触过于频繁。即使在接触时，有一般同志间相见的礼貌就行了，不必过分。当着爱人的面也不要喋喋不休地夸耀那个异性同志。

3. 主动解释，争取谅解

当爱人心平气和时，要主动解释，弄清事实真相，争取得到爱人的谅解。比如，你和某个异性同志的接触过多，可能是承担着共同的工作，也可能是有共同的兴趣。更何况在实际生活中，每个人在接触他人的过程中，其关系的疏远程度也不可能都是一样的。只要不是出于其他邪念，也仍然是正常的。

4. 用行动证明自己

丈夫和妻子之间的这个矛盾，在经过一段时间的调解之后，作为被猜疑的一方，要像夫妻双方矛盾产生之前一样，努力和爱人恢复如同当初的感情，在各方面关心爱护爱人，主动地做好家务劳动。同时，尊敬长辈，体贴子女，用自己的实际行动表明，自己对爱人是一心一意的。

如果你能按照上面的建议去做，相信你爱人的猜疑心理是会被解除的，你们就不会因此而产生烦恼了。

兵法五

刻在心头的社交禁忌

社交不仅仅是正面的力量重要，而负面的力量就不重要。在社交
方面，究竟有多少人打过败仗，恐怕是一个未知数，但是绝对有
人吃过亏，聪明人善于观察社交的不利一面，然后以最积极有效
的方法加以调整，以便求得最佳的人际关系。

第1节 做人办事与自我过失

越级报告

不论赛场内外，越位，都是一项危险的动作。在工作中，越级报告则意味着越过顶头上司，向更高层的上级说明你的看法，来争取权益。

若想任何事情都回避顶头上司，这并非是个好主意。尝试越级报告的人，往往会伤害到自己。即使你是"对的"，你仍不免破坏单位的运行秩序，并使高级主管头痛。即使你很幸运地成功了，高级主管也会心存芥蒂，认为你对他们也可以能采取同样的行动。

越级报告的酝酿并不难觉察，谁是越级报告者，也经常很难隐瞒。对于这一类的行动，上级可以采取许多防范措施，并且通常能够在你行动之前就将事情摆平。

一般来说，促使一个人采取越级报告的行动，不外是处在下列几种状况之下：

一、我早该升级了，但是上级就不这样做，甚至连提都不提。

二、工作部门运行不佳，但上级却加以掩饰，上面的人如果知道了，一定会引起震动。

三、上级对不尽责的人迁就，却给我一大堆工作，他对我不关心，也不在乎我到底做了些什么。

四、上级知道我比他能干。他既恨又怕，因此压制我，老是让我做吃力不讨好的工作。他绝不会让别人知道我杰出的表现，他怕我升得比他快，他也把我的功劳据为己有。

五、上级工作不力，影响组织的工作效率。

某科研所的外文资料室负责人小张就是在这方面缺乏经验的年轻人。当上级布置了需要大量翻译外文资料以供科研任务使用的项目之后，所里的领导反复斟酌，有些犹豫，一时难以下决心，拿不出可行性方案。这时小张就越过所里的领导，直接向上级自告奋勇，说承担这种任务没有问题。这种做法无疑伤害了所领导的感情。其实小张完全可以找所领导适当地谈一谈，从分担压力，分担忧愁的角度，替领导着想。这样不仅有助于领导解决难题，也使他对你加深了好印象。小张错误做法的关键就是他不是替领导着想，这样不仅不是帮领导解决难题，在潜意识中也认为领导无能。在领导需要的时候，不是给予安慰和分忧，而是给予压力和刺激。当你伤害了直接领导的感情的时候，上级领导对你也不会赏识和满意的。

口无遮拦

生活中，一些人总爱往领导那儿溜达，如果有事，自然无可厚非，但他们往往并没有什么事情。他们不过是在领导那里坐坐，为的是也许能得到一些什么新消息，或者在和领导常接触中留下一个好印象，对自己的将来前途有好处。他就是出于这种目的，经常到领导那里去的。

他认为常去领导那里，和儿女"常回家看看"会受父母的欢迎一样。可是，他忘记了，如果你的个人修养、气质、风度不佳，少在别人面前晃悠，也许更是一种聪明。因为我不在你眼前，你虽然对我不一定有什么好印象，但也不会有什么坏印象。

他其实是一个十分简单的人，他不说话且不要紧，只要一开门，就让人感到不舒服。

一次，当他正在说着让领导如坐针毡的话的时候，外面来了两个人，一男一女。他们笑容可掬地忙向领导递出了名片。领导一看，是电台的，问他们有什么事。那个年龄稍大一点的男士说："听说咱们单位的工作今年搞得不错，电台想把咱们单位宣传一下。"话说得很甜，用了"咱们"一词，好像是一家人似的。

不过，对这个领导心里十分明白，电台是要钱来的，领导太熟悉这个了。领导沉吟了半天没说话，因为不想出这笔冤枉钱，也不想出这个风头。只是一时想不出用什么办法来应付电台的人，这种人是惹不起也躲不起的。

这时，他见领导没说话，便对电台的人说："我们领导可是好样的，你们应该把我们领导好好宣传一下。"领导见他多嘴，便忙向他使眼色，他却不知其意，继续对电台的人说："你们要宣传，就要选择一个比较合适的时间，如果你们的宣传不适时，就会对我们单位的工作不起作用。"

电台的那个女士说："这好说，我们一定会按你们的要求来安排播放时间的。咱们的工作都是为了互相支持嘛！"

领导看他好像就要和人家定时间了，便打断他的话说："这样吧，让我考虑一下。我感觉是发一个短讯就行了。"这话的目的是想一方面不得罪电台，也不花冤枉钱，至少是少花冤枉钱。

他却说："怎么能只发个短讯呢？那有什么宣传力度？"

电台的男士说："说得也是啊，咱们出色的成绩怎么能只发一个短讯呢？"

领导白了他一眼，他仍不知自己的话已经让领导十分恼火，准备张口。

领导见状，没好气地说："你不说话行不？"这时，他张开的嘴才闭上了。

领导对电台那一男一女说："这样吧，让我考虑考虑再说。"

电台的人走了。领导十分生气地对他说："你这人为什么话这么多！"

他的确如领导所说，不知话为什么这样多。

这样的人，在生活中被人们称作没眼色的人，他们不知道在什么情况下该说话，在说话时该说什么话。本来电台来的人是找领导来的，他作为一个闲人，如果有一些交际常识，便会立即走开，因为人家并不是来找他的。退一步说，即使没走开，也不应该插嘴。他却不但插了嘴，而且话说得又让领导十分难堪。

任何一个有一些生活常识的人，都知道在一定的场合中自己应该怎么做，但就有一些人，不能管住自己，特别是不能管住自己的嘴。这样的人是令人厌恶的。

俗话说：一言可以兴邦，一言可以乱邦。所以老于世故的人，对人总是唯唯诺诺，可以不开口的，就尽可能做到三缄其口。比如某君有不可告人的隐私，你说话时偏偏在无意中说到他的隐私，言者无心，听者有意，他会认为你是有意跟他过不去，从此对你恨之入骨。这是跑关系的第一大忌。

他做的事，别有用心，极力掩饰不使人知，如果被你知道了，必然对你非常不利。如果你与对方非常熟悉，绝对不能向他表明，你绝不泄密，那将会自找麻烦。唯一可行的办法，只有假装不知，若无其中。这是跑关系的第二大忌。

他有阴谋诡计，你却参与其事，代为决策，帮他执行，从乐观的方面来说，你是他的心腹。而从悲观的方面来说，你是他的心腹之患。你虽然谨守秘密，从来不提及这件事，不料另有人识破机关，对外宣告，那么你无法逃掉泄露的嫌疑。你只有多多亲近他，表示自己并无二心，同时设法侦察泄露这个秘密的人。这是跑关系的第三大忌。

万一对方对你并不十分信任，你却极力讨好他，为其出谋划策，假如他采用你的话，而试行的结果并不好，一定会疑心你在有意捉弄他，使他上当。即使试行结果很好，他对你也未必增加好感，认为你只是偶然发现，不能算你的功劳，所以你在这个时候还是不说话为好。这是跑关系的第四大忌。

对方获得了成功是由于采纳了你的计策，而他又是你的上司，那么他必然会怕好名声被你抢去，内心惴惴不安。你知道这一情况后，就应该到处宣扬，逢人便说，极力表示这是上司的计谋，是上司的远见，一点也不要透露你曾经出了什么力量。

你有得意的事，就该与得意的人谈；你有失意的事，应该和失意的人谈。说话时一定要掌握好时机和火候，不然的话，一定会碰一鼻子灰，不但目的达不到，而且遭冷遇、受申斥也是意料中的事。有些奸佞小人，巧妙地利用了别人在说话时机、场合上的失误，拿他人当枪使，以达到损人利己的目的。

有句老话叫做"祸从口出"，为人处世一定要把好口风，什么话能说，什么话不能说，什么话可信，什么话不可信都要在脑子里多绕几个弯子，心里有个小九九。害人之心不可有，防人之心不可无。一旦中了小人的圈套为其利用，后悔就来不及了！

信口胡言

工作接近领导的员工，如领导的副手、秘书、司机等人，尤其需要注意严守领导的秘密，特别是正在策划中的重大决定和各项举措。倘若你提前透露消息，重则打乱了整个战略部署，轻则给领导工作带来各种麻烦，至少会招来一大堆闲言碎语，真是于事无补，于己无益。值得一提的是，关于领导个人的隐私，不该说三道四，因为这是他私人的空间。通常做事缺乏原则，又想笼络人心，或者惯于信口雌黄者，最容易扮演长舌妇的角色，殊不知"祸从口出"古有明训，这种七嘴八舌的小市民心气，往往在不知不觉中给自己设置了困难。

某工厂科研部门，有位归侨技术人员，此人具有强烈的爱国心，工作积极肯干，不怕脏累，而且专业知识学得很扎实。为了收集第一手资料，每次大检修期间，他都在设备内爬来爬去，详细观察记录，哪怕是西北朔风怒号的严冬以及暴日当空、灼人皮肉的酷暑都不例外，由于他的努力钻研，在科研上取得了几项成果，并且先后都被用于生产，取得了显著的经济和社会效益。

但是，这位同志也有其不足的一面，那就是性情过于强悍、率直，本人好认个死理，只要自己认为对的事情，都要千方百计地予以坚持，即使面对领导，也不例外。这样自然就难免常碰钉子，造成心情的不快。有时为了排遣忧烦，他就借酒消愁，邀集二三朋友同学，边喝边聊，不用说，嘴里肯定常常缺少"把门的"，各种牢骚、愤懑之话，难免溢于言表；一来二去，当然也会传到领导的耳朵里去。这一来，他的形象在领导心目中可就进去了"哈哈镜"，很快被划入"对领导、对工作不满，骄傲自满，丧失原则"的行列，并从各方面予以限制使用。由于环境日益恶化，他的牢骚也就随之上升，酒量也越来越大，最后的结果永远得不到领导的信任。

言而无信

做领导的有一种失败，是最不受人同情的，那就是把大家当阿斗，随意哄骗。用得着大家时，又是许愿又是承诺，好话堆满一箩筐，说得大家纷纷为此效命；而当用不着时，及尽诿夷之能事，记性也不好了，以前说过的全忘了。这样的领导失去了群众基础，失去了人心，一旦遇到什么工作失误或是错误，立刻就会墙倒众人推，无可挽回地一败涂地。因此当领导的一定要一诺千金，这样在与下属打交道时才会成功。

中华民族有一个古老的传统，那就是对信用与名誉地注重。曾有个"抱柱守信"的故事，讲道：古时候有个年轻人，和人相约在桥下。他等了许久，约会的人不见。一会儿，河水上涨，漫过桥来，他为了守信，死死地抱住桥柱，一个心眼地等待着友人的到来。河水越涨越高，竟把他淹死了。这位年轻人抱柱而死的行为尽管有点迂腐，然而，那种"言必信，行必果"的品格，却是永远值得人们敬佩的。

在中国历史上，这一类"待人以信"的故事，不胜枚举。楚人称道季布："得黄金万斤，不如得季布一诺。"孔子也把"朋友信之"列为他生平的志向之一。"人而无信，不知其可也"更是他老人家的名言。很显然，重视信用与名誉，已经成为我们祖先做人的根本守则。相反地，不能信守诺言将导致上级和下级交往的失败。上司对下属不能信守诺言主要表现在以下几个方面。

第一，许下诺言不能实现。上司许下诺言后不能兑现将不利于在下属面前树立一个良好的形象，从而导致上下级之间交往的失败。

某高校一个系主任，向本系的青年教师许诺说，要让他们中三分之二的人评上中级职称。但当他向学校申报时，出了问题。学校不能给他那么多名额。他据理力争，跑得腿酸，说得口干，还是不解决问题，他又不愿把情况告诉系里的教师，只对他们说："放心，放心，我既然答应了，一定要做到。"

最后，职称评定情况公布了，众人大失所望，把他骂得一钱不值。甚至有人当面指着他说："主任，我的中级职称呢？你答应的呀。"而校领导也批评他是"本位主义"。从此，他既在系里信誉扫地，也在校领导跟前失去了好感。

其实，他完全应该把名额的问题告诉大家，诚恳地道歉说："对不起，我原先没想到。"并把每次努力争取的情况也向大家转述。这样，即使人们初时有些怪他信口开河，但也会谅解他。

第二，许诺自不量力。有许多诺言是否能兑现得了，不只是决定于主观的努力，还有一个客观条件的因素。有些照正常的情况是可以办到的事，后来因为客观条件起了变化，一时办不到。这是常有的事。因此，我们在工作中，不要轻率许诺，许诺时不要斩钉截铁地拍胸脯，应留一定的余地。当然，这种留有余地是为了不使对方从希望的高峰坠入失望的深谷，而不是给自己不做努力埋契机。自己必须竭尽全力。

第三，轻诺失信。有些人口头上对任何事都"没问题"、"一句话，包在我身上"，一口承诺；可是，嘴上承诺，脑中遗忘，或脑中虽未遗忘，但不尽力，办到了就吹嘘，办不到就噤若寒蝉。这种把承诺视作儿戏，是对朋友的不负责行为，要不得，迟早得为人所抛弃。

轻易对别人许诺，说明你根本就没考虑所办一件事情可能遇到的种种困难。这样，困难一来，你就只会干瞪眼。从而给人留下了"不守信用"的印象。许诺越多，问题越多。所以，"轻诺"是必然"寡信"的。

我们首先要避免的是，不乱开空头支票，也即不"轻诺"。当你没有十分把握的时候，不要向人许诺。有几分把握，就实事求是地说几分。有经验的人一看你"轻诺"，就知道"寡信"。而一听你说："对不起，这件事我不能打包票，我可以努力一下试试。"就知道你是靠得住的人。

命令下属

许多领导，他时时刻刻都把自己放在"领导"这个位置上，任何事情都用命令的方式去指使下属办。殊不知，到头来，很多事情办的都不尽人意。其实有一些事情是不适宜用命令去解决的，而用暗示的方法则更能达到满意的效果。

拿破仑在艾尔夫与俄皇会面时，不小心撞见了美艳绝伦的俄国公主，于是亟思染指，并想抛弃他的糟糠——大他十岁的约瑟芬，但是他并不挑明了说，只是在和俄皇谈完后，叹了一口气说道："其实我最羡慕那些拥有娇妻及爱儿的人，可惜我那一口子年纪比我大十岁，脾气暴躁不打紧，还不能生育，看来我真是……"阅历丰富、心知肚明的俄皇哪有不知这话的道理？不久，拿破仑就明媒正娶了那位公主，而俄国也因此得以免去了一场浩劫。

有一位上司更会使用暗示的语言：他的妻子打来电话，说女儿很想晚上去看一场音乐会，而他此时却无法抽身去买票。恰好秘书小黄送文件过来："小黄，听说你对音乐很内行是吗？""哪里，不过是我的业余爱好罢了。""大明音乐厅今天晚上有一场贝多芬音乐晚会知道吗？""是吗？那太好了，经理，咱俩一起去吧！""好啊，顺便多买两张票，我让我爱人和女儿也去凑凑热闹。""好，经理，我请客！"

我们从上例可以看到，有些事并不适宜用命令去处理。不过。如果用命令的口气，叫小黄去买音乐票并陪他听音乐，小黄也可能去买，然而效果可就相差十万八千里啦。

当然，这里所说的巧用暗示，关键是个巧字，你要看对象、看时机、看场合，巧妙运用，而不是在任何情况下、任何时候、对任何人都适用。比如上面的例子中，秘书小黄要是个对音乐狗屁不通的人，任你怎么暗示也不起作用。

第 2 节　做人办事与自我偏失

没有热情

人在工作和生活上难免会遇到困难和挫折，作为同事，在此刻应该热心帮助，而不是冷眼旁观，看别人的笑话。如果你的同事遇到困难和挫折时，冷眼旁观，看他的笑话，那么，当你在工作和生活上遇到困难和挫折时，他也会如此。

大李与小李同在一个单位工作且工作性质相同，但由于小李是位新手，不是工作完不成，就是工作老出差错，因此老受领导批评。小李也不是没有上进心，而是由于业务太生疏了，他是心有余而力不足。要说，作为同事，看到这种情况，大李应该主动帮助小李才对。但大李一次也没有主动帮助过小李，况且当小李向他求教时，大李还爱理不理的，弄得小李也不愿再向大李求教了。大李之所以这样，是因为小李是个本科毕业生，一毕业就分到本单位从事这项工作了，而大李却是从一个一般人员一步步爬上来的。他想看看，小李这位正规学校毕业的大学生能比他强多少。过了一阵子后，小李的业务慢慢熟练起来了，甚至比大李干得还出色。又过了一年，单位在工作上采用了现代化新技术，由于小李文化功底深厚，在很短的时间内就掌握了新技术。老李就不行了，人过了四十，手脚和头脑都笨了，无论他如何卖力，工作上总不能让领导满意。小李看到老李的情况，有心想帮他一把，但当他想起当初老李对自己的态度时，也就不愿意帮他了。没多久，单位因老李干不好这份工作，把他调到别处去了。据说待遇比以前差远了。

与同事相处，应当真诚，当他需要你的意见时，你不要一味给他戴高帽，发出无意义之称赞；当他遇上工作上的疑难时，你要尽心尽力予以援助，而不是冷眼旁观，甚至落井下石；当他无意中冒犯了你，又忘记跟你说声对不起时，你要把着"大人不记小人过"的心情，真心真意原谅他，日后他有求于你时，会毫不犹豫地帮助他。

或者，你会问："为什么我要待他这么好？"答案很简单，因为他是你的同事，你每天有三分之一时间跟他们在一起，你能否从工作中获得快乐与满足，能否投入工作，敬业乐业，同事们扮演一个很重要的角色。试想想：当你回到办公室里，你发觉人人对你视若无睹，没有人愿意跟你讲话，也没有人与你倾吐工作中的苦与乐时，你还会专心于你的工作吗？

招惹是非

办公室里的是是非非几乎每天都在发生着。你可能是个很有正义感的人，忍不住要挺身而出"匡扶正义"；也可能你是个外向型的人，眼里看不过的事嘴上就要说出来，也可能你是个……

但不管你是什么样的人，奉劝一句，是非不要轻招惹，是非背后麻烦多。甲乙两位平日颇为要好的同事，最近竟然分别在你跟前数落对方的不是，然而两人表面上依然友好。所以，你生怕两面皆讲好话，会被认为是两头蛇。其实，除了这点，你更该小心，因为另一个可能性是，甲乙是否在对你试探点什么？

先讲前一种可能。有些人心胸狭窄，十分小气，又善妒，所以因为某些问题，令两人发生心病，是不足为奇的，但表面上又不愿意翻脸，故向较亲近者倾诉心中情，是自然不过之事。

你这个夹心人并不难做，同样冷淡对待两人是妙法，对方发现没有人同情，必然蛮不是味儿，定会另找"有爱心之人"，那么你就自动"甩身"了。

若发现两人是别有用心，旨在试探你对他俩的喜恶程度，你就该步步为营了。既然对方的动机不良，你亦不必过分慈悲，不妨还以颜色。分别跟他们说："对不起，我的看法对你们并不重要呀！"这一招，他们必然无功而退。

有人请你做公事上的"和事佬"，你其实有不少应留意的要点。

部门主管们之间，有太多的微妙关系存在，大部分是亦敌亦友的，无论私交如何要好，在老板面前，既然是在竞争之下，他们却是有数不完的斗争。今天，某甲跟某乙像最佳拍档，在办公室成了"铁哥们"，但很有可能几天后，两人却反目变成仇人了。

所以，某些人可能为了某些目标，希望化干戈为玉帛，以方便日后做事，但亲自出面又太唐突，于是便找来"和事佬"。本来使人家化敌为友，是一件好事。但做好事之余，请做些保护自己的工作，亦即是给自己的行动定一个界线。

例如有人请你做"和事佬"，你不妨只做饭约的陪客，或作为某些聚会的发起人，但不宜将责任全往头上冠，反客为主。你最好是对双方的对与错，均不予置评，更不宜为某人去作解释，告诉他俩"解铃还需系铃人"，你的义务到此为止。

对上司不满、对公司不满，永远大有人在，遇上有同事来诉苦，大指某人有意刁难他，或公司某方面对他不公平，你应该做到既关心同事的利益，又置身事外。

例如，同事与某人有隙，指出对方凡事针对他，甚至误导他。

你或许会很有耐性地听他吐苦水，听他细说端详，但奉劝你只听，不问。尤其是切莫查问事件的前因后果，因为你一旦成了知情者，就被认定是当然的"判官"了，这就大为不妙。

你只需平心静气开导他："我看某人的心地不差，凡事往好处想，做起事来你会更开心的。"

要是对公司不满，你的立场就比较复杂，站在公司立场是你应该的，但站到同事那边，又有害无益。可是，人家来找你，保持缄默实在不礼貌。不妨这样告诉他："公司的制度不断改进，这次你觉得不公平，或许是新政策的过渡期，你不妨跟上司开心见诚地谈一下，但犯不着坚持己见。"轻轻带过才是上策。

一位向来忠心得很，已服务公司多年的同事，突然告辞，惹得众说纷纭，不少同事还千方百计去细问当事人，誓要找出真相。

其实，知道了真相，对你有好处吗？肯定没有，坏处倒有一大堆。例如，你或会无端卷入人事漩涡，晓得行政层的秘密对你的工作态度多少有些影响。还有，你更有可能被列为"某类分子"。

所以，过去的即将过去，不必去追究了；除非这同事向来与你颇投契，自动向你诉衷情，但你亦只宜做个聆听者，万万不要做"播音筒"。

你应该做的是送上诚意的祝福，赠对方一件纪念品，当作纪念你俩的情谊吧！又或者，请对方吃一顿饭，当作钱别。

至于其他同事的行动，大可不必理会，也不必加以批评，这叫做独善其身。

你本来就非好管闲事之辈，却偏偏遇上一个爱诉苦的同事，叫你感到烦不胜烦。

老实说，你一万个不想过问，连听也不愿意，却怕产生不必要的误会，或者有后遗症，所以常常有进退两难之感，却苦于无法摆脱对方。

面无表情

现实的工作中、生活中，一个人对你满面冰霜、横眉冷对；另一个人对你面带笑容，温暖如春，他们同时向你请教一个工作上的问题，你更欢迎哪一个？当然是后者，你会毫不犹豫地对他知无不言，言无不尽，问一答十；而对前者，恐怕就恰恰相反了。

一个人的面部表情亲切、温和、充满喜气，远比他穿着一套高档、华丽的衣服更吸引人注意，也更容易受人欢迎。

大卫·史汀生是美国一家小有名气的公司总裁，他还十分年轻。他几乎具备了成功男人应该具备的所有优点，他有明确的人生目标，有不断克服困难、超越自己和别人的毅力与信心；他大步流星、雷厉风行、办事干脆利索、从不拖沓；他的嗓音深沉圆润，讲话切中要害；而且——他总是显得雄心勃勃，富于朝气。他对于生活的认真与投入是有口皆碑的，而且，他对同事们也很真诚，讲求公平对待，与他深交的人都为拥有这样一个好朋友而自豪。

但初次见到他的人却对他少有好感。这令熟知他的人大为吃惊。为什么呢？仔细观察后才发现，原来他几乎没有笑容。

他深沉严峻的脸上永远是炯炯的目光，紧闭的嘴唇和紧咬的牙关。即便在轻松的社交场合也是如此。他在舞池中优美的舞姿几乎令所有的女士动心，但却很少有人同他跳舞。公司的女员工见了他更是畏如虎豹，男员工对他的支持与认同也不是很多。而事实上他只是缺少了一样东西，一样足以致命的东西——一幅动人的、微笑的面孔。

因为微笑是一种宽容、一种接纳，它缩短了彼此的距离，使人与人之间心心相通。喜欢微笑着面对他人的人，往往更容易走入对方的天地。难怪有人说微笑是成功者的先锋。

微笑是无声的行动，它所表示的是："我很满意你。你使我快乐。我很高兴同你共事。"所以说，要想取得与同事交往成功，不能缺少微笑。

乱开玩笑

女性敏感纤细，自尊心极强，因此与女性开玩笑时一定要注意措辞、场合及对方的性格。如果对方性格孤僻沉闷最好不要地人多时与之开玩笑，否则一句善意的玩笑或者一句无其他用意的玩笑往往被对方当作恶意的讽刺嘲笑，使对方对你敬而远之甚至断交。因为一句玩笑话而失去一份友情岂不可惜？下面三个例子，足以发人深省。

一句打趣话，气得两顿不吃饭。A 姑娘身材高大，体态臃肿，虽然年逾 30，却迟迟未完婚事。她将择偶难的原因，主要归结为自身的形体条件差。因此，平时她内心一直十分痛苦，无论衣着打扮，还是言谈举止，都尽量避免露胖。这一天，单位里举行文娱活动，大家说说笑笑，忽然将话题转到健美上来。有一位男性同事笑着对 A 姑娘打趣道："哎呀，你要是参加健美运动，早就变成一只轻盈的小燕子了！"这句隐含着责怪她胖的打趣话，一下子触及了 A 姑娘的讳区。只见她脸唰地红了，一声不吭，扭头就离开了会场。回到宿舍，她趴在枕头上暗自流泪，气得整整一天不思饮食。事后，还是同宿舍的女友好心相劝，才使她停止自卑行为。

当面评头品足，导致双方关系恶化。张某和李某是同室女友，两人形影不离，亲如姐妹。有一天，张某在一群女友中间，当面对李某的衣着打扮，进行了一番议论。她用开玩笑的口吻，说李某的衣裙像筒子，皮鞋像小船，还对她的发型、发结进行了挑剔。其实，张某在说这些玩笑话时，内心并无恶意，也不曾想到这会引起李某的不快。她只不过想通过这些逗趣话，提醒李某改进一下自己的衣着，将自己打扮得更漂亮一些。然而，李某却生气了，她沉下脸回敬道："我没你会打扮！你身上哪儿都顶合适！"从那以后，两人关系一下子疏远了，李某有什么心里话，再也不跟张某说了。

意在鼓励，却被当成讽刺。女大学生薛某学习成绩向来较差，这次期考，她日夜苦读，尽管下了不少功夫，却依然考砸了。她的女友不知底细，以为她的考试成绩肯定会有不小进步，便在一次公众场合，笑着对薛某打趣道："你呀，为了争个'上游'，竟然掉了十斤膘，我真该向你学习！"薛某听了，误以为女友是在讽刺自己，脸红到脖根，一扭头，含着眼泪走了。

贬低别人

在社交中不会显现自己，引人注目，是很难有满意收获的善于交际的人，总是尽量把自己的长处呈现于人们面前，如伶俐的口才，渊博的知识，温文尔雅的举止，直至巧妙的化妆，典雅的服饰，都能给人一个良好的印象。如果怕遭拒绝，而不敢接近别人，这样只能默默无闻，使社交变得没有意义。

但若清高自负，贬低别人，同样会使社交变得没有意义。如旁若无人地高谈阔论、矫饰的表情、夸张的动作来表现自己，就会使人产生反感。以下种种也都是贬低别人的行为举止：对有人、特别是某位女性在社交场合中独占鳌头，为众人瞩目，就流露出不屑一顾的样子；对有人言谈举止不大得体，或是某位女性服饰俗而不美，就显出自己的优越感，对人投以离视的目光，等等。

既显现自己，又不贬低别人，这一点，在与同事交往中尤其重要，主要体现在，自己努力上进，更欢迎别人超过自己。当别人奋发向上的时候，当别人快要超过自己的时候，当别人已经超过了自己的时候，要对别人持正确的态度。对别人超过自己，人们会采取不同的做法，出现不同的结果。欢迎别人超过自己，必然满心欢喜，并且满腔热忱地帮助同事成长进步，而需要的时候，甚至可以当"人梯"，让别人踩着自己的肩膀冲上去。若是不欢迎别人超过自己会怎么样呢？必然心怀不满，不惜自己的人格，不惜损害别人的人格，或者"横挑鼻子竖挑眼"、"鸡蛋里挑骨头"，或者造谣生事，竭尽诬蔑诽谤之能事，等等。其结果既损害了我们的事业和同事的感情，又"搬起石头砸了自己的脚"，损害了自己。那么，有人超过了自己，自己的威信会不会降低，以往人们对自己的尊重和爱戴会不会被夺去？这就要看自己对待那些还没有超过自己的人或已经超过自己的人，所取态度如何了。假如曾为那些优胜者充当过"人梯"，那自己的威信就会比以前更高。人们尊敬优胜者，更尊重为优胜者付出了牺牲的人，并且优胜者得到的第一束荣誉的鲜花要献给那些帮助、扶植自己的人！总之，我们既要努力上进，又要欢迎、帮助别人上进。

显摆自己与贬低别人，其表现往往只是一步之差，关键在于把握一个适当的分寸。自己的身份、自己对某种技巧的掌握程度，以及是否与当时的气氛和谐，都是应当考虑到的。在此基础上，充分发挥优势，就可能得到别人的好感。

没有分寸

在与陌生人的交往过程中，能否把握住分寸将直接影响到交往的成功与否。下面分析一下在陌生人交往中两种没有分寸的交往表现，这两种交往表现都属于极端型的。

第一种交往表现是：与陌生人交往时过冷。有的人对初次见面的人不理不睬，一幅冷若冰霜的表现，好像要拒人于千里之外。本来别人有心与他做个朋友，看他这副模样，在生气的同时也会以同样方法对待他。这对双方都没有什么好处。

试想，生活在一个交往频繁、天天都要碰到许多陌生面孔的开放性社会，不是用现代人的聪明去相容去征服这个社会，打开陌生人的神秘世界，而是一味退缩，甘于在陌生的社会环境中维持隔离和封闭状态，这种"冷面人，冷心人"，不利于人格的健全发展，不利于社会生活现代化。

第二种交往表现是：与陌生人过熟。有的人与陌生人交谈不到三分钟，就把对方当成了"老好"朋友，毫无戒备地与之交往，甚至把自己的一片心都摆在了对方面前。这样做，对自己多半是有害的。因为对方毕竟是陌生人，我们对其真实情况不甚了解，对他的自我介绍的可靠性缺乏证据。他对我们是不是同样很热情，那就很难说了。

有这样一个例子，对我们会有所启发：某集团公司的总经理，在四星宾馆里偶遇一南非华人，与之交谈不久，便把其视为知己。对方表面上也很热情，向总经理承诺可投资 1 亿美元，这下总经理更高兴，拉着南非华人去喝酒。酒后当总经理高兴情绪还没消失时，那位华人借去厕所之机悄悄溜走，同时偷走了总经理公文包里的一万美金。其实，那南非华人并非什么富商，而是一个智能型的职业骗子。

现代社会中的人形形色色，什么人都有，我们在与陌生人交往时，只有把握好交往分寸，既不过分多疑，也不过熟、轻信，才能既不会错过交好朋友的机会，也不会被人骗。

轻信人言

"场面话"是人们在应对各种关系时的现象之一，而说"场面话"也是一种生存智慧，在人性丛林里进出久的人都懂得说，也习惯说。这不是罪恶，也不是欺骗，而是一种"必要"。

一般来说,"场面话"有以下几种:

——当面称赞人的话。诸如称赞你的小孩可爱聪明,称赞你的衣服大方漂亮,称赞你教子有方……这种场面话所说的有的是实情,有的则与事实有相当的差距,听起来虽然"恶心",但只要不太离谱,听的人十之八九都感到高兴,而且旁人越多他越高兴。

——当面答应人的话,诸如"我全力帮忙"、"有什么问题尽管来找我"等。这种话有时是不说不行,因为对方运用人情压力,当面拒绝,场面会很难堪,而且会马上得罪人;缠着不肯走,那更是麻烦,所以用"场面话"先打发,能帮忙就帮忙,帮不上忙或不愿意帮忙再找理由,总之,有"缓兵之计"的作用。

所以,"场面话"想不说都不行,因为不说,会对你的人际关系有所影响。

不过,千万别相信"场面话"。

某甲在一公司单位服务,十几年没有升迁,于是通过朋友牵线,拜访一位经管调动的单位主管,希望能调到别的单位,因他知道那个单位有一个空缺,而且他也符合资格。

那位主管表现得非常热情,并且当面应允,说:"没问题!"

某甲高高兴兴地回去等消息,谁知半个月、一个月、两个月过去,一点消息也没有,打电话去,不是不在就是"正在开会"。问朋友,朋友告诉他,那个位子已经有人捷足先登了。他很气愤地问朋友:"那他为什么对我说没有问题?"他的朋友也不知如何回答才好。

这件事的真相是:那位主管说了"场面话",而某甲相信他的"场面话"!

对于别人敷衍你的"场面话"，你要保持你的冷静和客观，千万别为两句好话就乐昏了头，因为那会影响你的自我评价。冷静下来，反而可看出对方的用心如何。

对于拍胸脯答应的"场面话"，你只能持保留态度，以免希望越大，失望也越大；只能"姑且信之"，因为人情的变化无法预测，你既然测不出他的真心，只好保持最坏的打算。要知道对方说的是不是场面话也不难，事后求证几次，如果对方言辞闪烁，或避不见面，或避谈主题，那么对方说的就真的是"场面话"了。所以对这种"场面话"，也要有清醒的头脑，不然可能会坏了大事。

做人跑关系，有一条很大的忌讳，就是"耳朵根子太软"，盲目地听信别人。

你在辛苦时，喜欢帮人出主意的人越来越多，他们积极主动帮你想办法，热诚感人，但要如何面对他们的"好意"呢？

有些人见你在工作中不大顺心、怀才不遇，就"好为人师"地劝你该如何争权和争表现的机会；也有些人见你在感情上不大顺心，两性关系走得坎坷，"好为人师"地提醒你该如何经管、如何掌控；还有些人"好为人师"地劝你该去运动、去美容、去塑身、去买房子……他们不但劝，有时还拿一堆资料给你，有时还主动牵线，让你觉得不照着做，仿佛自己是个罪人，伤了他的心。

伤人心灵

一个人，他的心里面都有一块最敏感的地带，对他们而言，这块最敏感的地带是不允许别人随便触及的，这是他的痛处，是他们的弱点或者自卑点。在交朋友时若触及对方痛处只能给双方带来不愉快。即使我们清楚他们的痛处，也不要去提及，这是待人应有的礼仪，也是交朋友最应该注意的一点。

有位男青年，各方面能力都很强，只是个子非常矮小，这是他的一块心病，偏偏有位同事不知深浅，开玩笑说他是"贴地皮走路"。这位男青年立即变色，大声说："某某经理个儿矮不矮，某某职员个儿高不高，经理要他回家，他也只有灰溜溜地走！"这当然是风马牛不相及的事，男青年也是情急之下用它辩护，不过从此后，男青年便不再与开他玩笑的人交往，可见这件事很深地伤害了他的自尊心。

人们对于自己的忌讳，犹如小偷对于自己的罪行一样讳莫如深、极为敏感。由于心虚，往往把别人的无意当成有意，把无关的事主动与自己相联系。有时，你随口谈一点什么事情，也很可能被视为对他的挖苦和讽刺，正所谓："说者无意，听者有心。"

《韩非子·说难篇》中曾对龙作了如下描述：龙是虫（动物）类的一种。它的性情非常柔顺，人们可以和它亲近，甚至可以把它作为自己的坐骑。然而，它的喉下，有一块长约尺许的逆鳞，如果有人触摸了它，那么它必然会发怒，以致伤人致死。

每个人的忌讳之点，也就是他的"逆鳞"，我们在与人的交往中，也须加倍小心，千万不要触动这块忌讳。否则，即使是十分友善的人，也会与你反目成仇。

"逆鳞"因人而异。不同性别、不同年龄、不同职业、不同籍贯、不同遭遇、不同性格、不同文化程度、不同社会地位、不同宗教信仰的朋友，有不同的忌讳。比如，女性朋友，尤其是大龄未婚女性朋友的年龄，就是一片"逆鳞"，莫去触犯。有篇议论文章，题目就是直截了当的四个字："谢绝询问"。文中写道："年龄大的女孩，对年龄更敏感。""已不再楚楚，已不再盈盈。随着年岁的增长，越来越觉得女人的年龄应该属于自己，就像信天游属于陕北。因而，每当与陌生女人接触，尤其在大庭广众之下和男人面前，从不问及。"有的人偏偏喜欢打破砂锅问到底，结果就难免不欢而散了。了解不同的人的不同"逆鳞"，在交往时就可以尽量避开。比如在垂暮老人面前，少谈生死哲理；在失恋朋友面前，少谈情场得意；在文化程度低的朋友面前，不要侈谈学院生活、学术问题；在社会地位较高的朋友面前，不要偏激、谩骂为官不仁；对残疾朋友不能说触及他们生理缺陷痛处的话……人都有一个成长、成熟的过程，孩童时代拖鼻涕、哭鼻子、尿床，都是必不可少的"功课"。但有的人忌讳谈及这些，那你就不要倚老卖老，（尤其是当着朋友的下属和小辈）翻对方儿时的历史，惹朋友生气。人有失态的时候：酒后的荒唐行径，失恋时的失魂落魄，遇到突发事故的张皇失措……这些都不能当作侃大山的资料，使朋友难堪。

朋友交往注意避讳，不是冷淡、隔膜，而是体贴、关心、善解人意的表现。朋友之间，不必事事小心，句句留神，交谈如与敌国谈判，拜访如入机关图阵。但是不拘小节，不知避讳，只图自己痛快，不管朋友难堪和反感，也是不足取的。俗话说：病从口入，祸从口出。为了保持和增进友情，请你千万注意在说话时不要只顾自己一时尽兴而触犯朋友的"逆鳞"。

我们不仅应避免触动别人的忌讳之点，同时也应注意不要提及与其忌讳之点相关联的事物，以免造成对方的误会，以致使他的自尊心受到无谓的伤害。

俗话说："守着矮子不说短话。"对于个头低矮的人，最好是不要提及像"短"、"小"、"矮"，以及"木墩"、"土豆"等等与矮小相联系的话，免得他多心。

对于犯过罪、判过刑的人，最好也不要提及"监狱"、"劳改"、"罪犯"、"违法"等与他的忌讳相连的之事。否则，他会认为你在指桑骂槐。

对于找不着对象的"老大难"，最好不要和他们谈什么"婚姻"、"恋爱"、"女友"、"约会"等有关话题，以免使他烦恼。